近鉄中興の祖

佐伯勇の生涯

神崎宣武

創元社

佐伯勇（1903～1989）

目次

近鉄中興の祖　佐伯　勇の生涯

プロローグ

青年時代（中央）

「大和屋」の一室にて

大阪、ミナミ。

料亭「大和屋」の四階の小部屋であった。

電気《あかり》を灯《とも》したものの、雨戸を閉めきった部屋はまだ暗い。

伽羅がたかれていた。

床《とこ》に、山吹が一枝生けてある。

軸は、墨書「柳緑花紅」。落款が「勇」。

脇の違い棚に、小さな遺影が飾られている。例の面長な顔、艶やかな禿頭。大きくて切長の目、一文字の唇。老いたのちも偉丈な顔だちであった。

その眼差しが落ちるあたりに、煤竹《すすたけ》を編んだ乱れ籠が置かれている。浴衣《ゆかた》と丹前が、縦横を違わずに折りたたんで重ねられている。

「へえ、もうそろそろ丹前はずして夏羽織にかえたげよ、思うてます」

丹前をそっとなでながら、女将《おかみ》がそういった。

「御大《おんたい》が逝《い》きはってから十月《とつき》、まだ信じられませんのや。ひょこっと来はって、そこへ座りはって、風呂わいてるかって、あのしゃがれ声で急《せ》かしなはる、そんな気がしてなりませんのや。

ほんまに、たいそうな人でしたで。私らは、仕事先での御大はよう知りませんけど、そら、偉いお方でしたやろな。もちろん、教養はおありやし、弁もたちはったやろから。地位も名誉もおありやし、ふつうは近よりがたいお方でしたやろな。たしかに、表向きには、こわもてが鎧《よろい》を着たようなところがありましたわ。とくに、自分や内輪には厳しい人でしたで。

よう怒られましたで、そら。慣れんと、びっくりしますわ……。あの目ン玉で、あの声ですからな。

でも、ここに来てはるときは、素地《きじ》のまんま……。といいたいところですが、あれが素地やと思うけど、とても一言ではいえませんわ。

よう怒りはるのは、こら外も内も同じですわ。頑固で短気ですからな。そやけど、強気一本で自信満々かと思えば、細かいことにもよう気がつきはるし。わがまま放題かと思えば、時折ほろっとするようなやさしいこというてくれはるし。頭ごなしに怒りはるかと思えば、すぐまた機嫌とりはるし。まあ、いろんな顔をみせてくれはりましたなあ。千両役者のようなお方でしたで。

ほんまは、初《うぶ》で気が小さかったんやろな、と思います。そやから、かわいいんでっせ。無理いいはっても、怒りはっても、あのヤンチャな顔してニヤッと笑われたら、憎めませんねんわ。

あんなけったいなおっさん、もうでてきはらへんのとちがいまっしゃろか」

ちなみに、大和屋は、大阪ミナミを代表する料亭である。創業は明治一〇年（一八七七）、以来、たとえば「妓芸学校」（戦前までは芸妓養成所）をもち、自前の芸者連をそろえるなどして、その格式を伝えてきた。

右の女将は、阪口純久《きく》さん。押しだしもよく、弁もたつ。気っぷのよさは、浪速《なにわ》っ子というよりも江戸っ子というのがふさわしい。余談になるが、巷間、「政治家よりも骨董屋が上、それよりも料亭の女将が上」という類《たぐい》の言葉がある。それは、口八丁手八丁のしたたかさ加減をいったものである。いいかえるならば、言葉に真情が乏しい、ということにもなる。純久さんがそうだというわけではないが、大和屋をひいきにする政財界のあまたの客のなかで、死してなお女将から慕われる人物とは、いかにも男冥利につきるではないか。

純久さんに御大とかおっさんとかいわれるその人とは、佐伯勇のことである。

平成元年（一九八九）一〇月五日逝去、享年八六。

近鉄（近畿日本鉄道株式会社）の、「中興の祖」といわれる。昭和二六年（一九五一）から四八年まで代表取締役社長、その後会長。ちょうど第二次世界大戦（以後は、第二次大戦）後の社会・経済の混乱期から高度経済成長期にかけて、近鉄を営業距離五九五キロ、系列会社一六〇の日本最大の私鉄にしたてた、ということになる。

たとえば、ビスタカー（二階建電車）の運行、特急の座席指定制度とコンピューターによる予約制度、車両の冷房完備、列車電話の設置、特急電車でのおしぼりサービスなど。この間、彼の斬新なアイデアが次々に実現されている。それは、国鉄（のちのＪＲ）にも他の私鉄にもはるかに先駆けてのことであった。

一方で、デパート、ホテル、バス、旅行業などの経営にも力を注ぎ、その有機的な相乗効果をはかっている。つまり、ターミナルや沿線を含んだ鉄道経営の総合多角化を推進したのである。その結果、近鉄王国とか近鉄コンツェルンといわれるほどの総合多角経営に成功した。もっとも、それは電鉄会社の常道ともいうべきもので、昨今の私鉄経営は、ほとんどがその方向に進展している。ただ、佐伯が主導する近鉄の場合、他より先駆けて大規模なものに発達したのである。

そうした佐伯を称して、他人《ひと》は「近鉄藩の殿様」とか「財界の暴れん坊」などといった。

しかし、基幹の鉄道経営から離脱するような事業には、けっして手を染めなかった。その意味では、節度ある「明治生まれのリベラリスト」なのである。なお、明治生まれのリベラリストとは、つい先ごろ（平成四年二月）に他界された元住友銀行頭取であった浅井孝二さんが、友人佐伯勇を評して語った言葉である。

「鉄道も銀行も公共事業に準じるもの。ただ一企業の利益だけを追求すべきではない。佐伯さんや私ら世代にはそういう気概があったんですが……」

と、バブル経済崩壊に象徴される現代の風潮を、浅井さんは、いたく嘆いたものだった。

一般によく知られるところでは、プロ野球近鉄バファローズの発足時（昭和二四年、当時の呼称は近鉄パールズ）からのオーナーであった。

昭和四六年（一九七一）からは、大阪商工会議所の会頭、日本商工会議所副会頭、また昭和四九年からは経団連（経済団体連合会）の副会長でもあった。とくに、関西財界の「ドン」ともいわれた人であった。

大和文華館や文楽協会、京都市文化観光資源保護財団、あるいは飛鳥保存財団などの文化団体の理事長でもあったことは、知る人ぞ識る。奈良市名誉市民、愛媛県丹原町名誉町民、勲一等旭日大綬章、叙正三位。

と、その履歴と業績を書き連ねてみても、まるできりがない。それに、私は、そこにほとんど興味はないのである。

帽子の記憶

私にとっての佐伯勇は、強いていえば、やっぱり「けったいなおっさん」であった。

むろん、大和屋の女将ほどのつきあいの密度をもっていうのではない。少年のころ、それも一度だけ遠目に接しただけの印象である。が、いまでも鮮明な印象なのである。

私は、いっぱしの野球少年であった。いまから三〇年以上も前、中学生のころ、私はプロ野球選手になる夢をのみひたすら追っていた。その年齢になればジャイアンツ（巨人軍）に入団できる、それを信じて疑わなかった。

私の郷里は、岡山県は吉備高原上の寒村で、そのころ電気もバスも通じてはいたが、なお不便の地であった。たとえば、新聞は一日遅れに配達され、しかも野球のナイターの結果のごときは後半のイニングがすべて黒ベタの状態であった。もちろん、夕刊やスポーツ新聞は目の届く範囲にない。テレビも普及しておらず、ラジオもＮＨＫと地元局一局しか聴けない。プロ野球についての情報は、おそろしく乏しい状況にあった。

そこで、私は、中学校に入るころから、新聞の切りぬき作業に精をだすようになった。そして、自分なりにデータを集計、それを再分析して楽しんだ。といっても、現在の子どもたちのようにパソコンを使うわけでもなく、手作業のじつに素朴な楽しみ方であった。

紙上、セ・パ両リーグを通じてもっとも記事やデータが豊富なのがジャイアンツであった。そして、もっとも少ないのが近鉄パールズであった。それがためというほどの確たる理由もなかったが、以来私は、セ・リーグでは巨人、パ・リーグでは近鉄のファンになったのである。

中学生のころは、何とかしてプロ野球の試合を観たい、と思った。が、いかんせん私の郷里は、そのことに不便である。岡山球場で年に二、三度行なわれるオープン戦を観に行くのでさえ一日がかりの大事であった。

そのうち、学校の休みを利用してプロ野球に親しむには、春のキャンプを見学することだと知った。当時、郷里ではまだ旧正月行事が盛んで、旧正月の前後一週間は学校が休みであった。ただ、そう思いついた中学二年生の二月（昭和三四年）は、ジャイアンツはキャンプ地を前年までの明石

（兵庫県）から宮崎に移していた。九州では、いかにも遠い。そこで、近鉄がキャンプを張っている今治《いまばり》（愛媛県）に行くことにしたのである。

海（瀬戸内海）を渡っての道中は難儀であったが、さいわい、前泊した親戚（岡山県井原市）の高校生の又いとこが同行してくれることになった。

寒い日であった。グラウンドが黒々と、凍てついているかのようであった。ベンチの前で木っぱが焚かれていた。

しかし、グラウンドには活気がみなぎっていた。その年から監督に往年の巨人軍の名選手だった千葉茂を迎え、その猛牛と呼ばれたニックネームから球団名を「バファロー」（のちにバファローズ）と一新したところで、新生近鉄の意気があがっていたのである。武智、関根、小玉らの一挙手一投足を、私は、飽きることなく注視していた。

余談のついでにいうと、本稿を起こすにあたって、当日の状況をたしかめるために武智文雄さんに会った。当時の近鉄のエースで、昭和三〇年（一九五五）の対大映戦には藤本英雄（巨人）以来二人目の完全試合を達成したことで知られる。ところが、あの今治球場で遠目に接した名投手に会う、それだけで私は、異常な緊張感に襲われ、膝のふるえを止められなかったのである。そのとき、私は野球少年に戻っていたのだ。

武智さんに会ったことで、三三年前の今治球場のようすが鮮明によみがえってきた。

とくにその日、選手たちが活気づいていたのは、オーナー佐伯勇が視察に訪れたからである。

そういえば、たしかにそれらしい人が焚火にあたりながら千葉監督と話しこんでいた。

小柄で丸々と太って見えた。というか、着膨れだったのだろう。黒の厚手のオーバーと黒の鍔《つば》つき帽子の印象が強く、顔つきまでは記憶に定かでない。千葉監督がしきりに帽子を脱いで白髪をかきあげたりおじぎをしたりするのに対し、当のご本人は悠然として尊大であった。それでいて、ときに手ぶりが激しく、それが千葉監督や数人のとりまきの人たちを圧倒しているように見えた。

その人が、佐伯勇であったのだ。

武智さんに聞きたしかめてみると、選手たちも円陣を組んでオーナーの激励を受けたというが、私の記憶にはなぜかその光景がない。

「ここは、儂《わし》の郷里やし、道後の温泉街も近いので、何かと誘惑があるかもしれんが、自重して練習に励まれたい」

彼は、そういう言葉で激励をしたらしい。

佐伯オーナーがグラウンドにいたのは、一時間たらずではなかったか。グラウンドを去るとき、誰に向ってというわけでもなく鍔つき帽子を右手でつまんで高々と揚げた、そのようすがまだ記憶に鮮やかである。

丹原の地

新生近鉄バファローがキャンプを張る今治は、オーナー佐伯勇の郷里であった。

武智さんによると、オーナーがキャンプ地に足を運んでくれたのはそのときがはじめてだったそうだから、彼にとっても、球団をしたがえるかたちで郷里に錦を飾ることは、男冥利であったのだろう。

そこから、彼は、生家に向っている。

今治から南へ自動車で約一時間、周桑《しゅうそう》郡丹原《たんばら》町に生家はある。そこは、山あいの盆地である。というか、中山川沿いに行きついたところの袋小路状の盆地、といったほうがよい。

三方、というよりも、ほとんど四方が山で囲まれている。山並は、幾重にも連なっており、そこを越すのはいかにも難儀なことに思われる。とくに、南の石槌《いしづち》山系は、人の往き来を拒絶するかのように黒々と大きくそびえたっている。

だが、盆地は広い。平野というのがふさわしいほどにだだっ広い。そこだけ見ると、さほど変哲のない景色である。水田と畑。畑には、ミカンが植わっている。散在する農家の屋敷地にも、ミカンが植わっている。

屋敷林が備わっていないのは、そこが山に囲まれて風害が少ないことを物語っている。それだけに、盆地内の景色にアクセントが乏しい。立木が少ないだけ、よけいにだだっ広く感じられるのである。

その風景が、秋になると豊かに色づく。

農業を主体に養蚕やかんきつ栽培をしているが、かきも愛宕《あたご》がきとして有名でね。秋になるとたわわになった赤い実が、見渡す限りの山すそにつややかに輝いているのは見事なもんだよ。

(引用文ふりがな、一部は筆者。以下同)

これは、昭和五六年(一九八二)一月二六日の『日本経済新聞』紙上の「私とふるさと」で紹介された談話である。佐伯が七八歳、ならばこその望郷の心情が、そのコラムによく吐露されている。ちなみに、彼は、いわゆる自叙伝を嫌った。経営論、あるいは経営者論については雄弁であったが、私的な生活をさらすのを極度に嫌った。著名な財界人がこぞって登場する「私の履歴書」(日本経済新聞)にも、かたくなに執筆拒否をし続けたほどである。それだけに、このコラム記事は、知られざる彼の少年時代をのぞく貴重な資料となるのだ。

子供の時いちばんよく遊んだのは、村の中を流れて燧灘《ひうちなだ》に注ぐ中山川だね。泳いだり、魚をとったりした。魚が川の流れに誘われて一度入ると逃げられないような、私たちは〝ウエ〟と呼んでた仕掛けをしてね。魚がはいっていると引き揚げる時に手ざわりでピンと来るんだが、「はいってるぞ！」とうれしいもんだよ。隣村の子供たちと競争して、よくとれる〃漁場〃を守るのに目を光らせたりしたね。

あのころはテレビなんかない娯楽の少ない時代だったから縁日なんかも楽しみだった。いろんな店が立ち並んで、見世物小屋なんかも出ていた。一銭銅貨を握りしめてあちこちのぞいてあるいて、菓子を買って食ったりしてね。「のぞきからくり」なんてのもびっくりして見てたんだ。

むろん、こうした原風景は、ひとり佐伯にかぎらず誰もがもっているものである。そして、年齢《とし》を経るにしたがって懐かしさが増してくるのも、誰もに共通することであろう。

だが、佐伯の場合、それが盆地宇宙とでもいうべきなかで形成されたことに注目しておきたい。中山川に沿うて瀬戸内の燧灘に道は通じていたものの、そこは囲われた世界であった。古く時代を遡《さかのぼ》れば、そのことはさらに明らかになる。

丹原の地は、『丹原町史』によると、南北朝の時代（一四世紀）に南朝方について転戦した得能《とくのう》氏の故地であり帰農地でもあった、という。そして、佐伯氏は、豊後国大友氏に仕えていたのが、文禄年間（一六世紀末）大友氏の改易《かいえき》により離散、その一党が伊予に移住したともいう。つまり、古くは、そこは隠れ里というのがふさわしいところだったのであろう。

そこでは、多くを望まなければ、生活の自足も可能であった。ただ、一本だけ海に通じる道が必要で、かぎられた人たちが海産物を中心に商《あきな》う必然はあった。すると、他の多くの人たちは、あえて外の世界と接することもなく、盆地内で人生を完結させることになった。交通や情報がまだ未発達の、ちょうど佐伯と同世代の人たちまでは、おおむねそうであったのではなかろうか。日本のムラの、ひとつの典型としてよい。

たとえば、佐伯が生まれ育ったころの農家一戸平均の耕地を『丹原町史』から求めてみる。田畑あわせて一町五反（約一・五ヘクタール）。もとより、西日本で中世以前に形成されたムラでは自作農が主流である。それなりに安定した農業基盤、といわなくてはならない。

次に、佐伯の同級生の地域外への転出率をみてみる。田野尋常小学校で同級の山内朋一さんによると、同級生は四三人、うち周桑郡から外に戸籍を移した者は一二人、隣接する東予市に転出した者をのぞくと五人だけというから、地場にそのまま住みついた人が圧倒的に多いのである。

佐伯の郷里丹原は、住みよいところであった。年間を通じて温暖で、風水害や霜害の影響もほとんどない。したがって、そこに住む人たちの気質も、穏やかである。ということは、破綻を嫌い保守を尊ぶことになる。巷間、伊予の人情は、伊予商人の進取な気質をもって語られることがあるが、それは港町や漁村部で育まれたもので、丹原あたりの人とはほとんど無縁のものとしなくてはならない。

それだけに、他処者《よそもの》には住みにくいところかもしれない。そして、「変わり者」にも住みにくいところかもしれない。

盆地社会での変わり者とは、まず第一に、自らが学問や芸術を志す者であった。丹原にかぎらず、日本の農村社会では、「百姓に学問はいらない」といってきたのである。その志を抱いた者は、そこに居つけず、山を越えてムラを出てゆくしかなかったのである。

大正五年（一九一六）、一三歳になったばかりの佐伯少年は、桧皮峠《ひわだ》を徒歩で越えて松山へ出ていった。

離郷する日

山内朋一さんがいう。

「勇《いい》やんも、小学校のころは、ふつうの子どもやったの。魚もとったし、相撲もとった。よう遊んだんやの。

それが、高等科（尋常高等小学校）に行くころから、えらいかわったんやが。もともと頭は抜群によかったたし、おとなしくもあったが、わき目もふらず勉強するようになった。私らとも遊ばんようになったたし、運動や音楽もあんまりせんようになった。まあ、運動や歌はもともと得意じゃあなかったようやがの……。

松山の中学へ行く、いうての。そのころ、松山の中学へ行くのは、四三人の同級生のうち一人だけやもん、あの人は、そのころから私らとは違うた人間になってしもうた。そやから、私ら、あの人が松山中学へ行ってからあとは、何十年も会うことはなかった。会うようになったんは、あの人が近鉄の偉いさんになってからや。あるとき帰ってきて、一席もうけてくれて私ら同級生を呼んでくれてからやがの。

あれは、町村合併のころ（昭和三〇年前後）やの。初代の町長が玉井君で、これも同級生。そんなところから、時どきに佐伯、玉井の両出世頭を囲んで会うようになり、そこで昔話に花が咲くようになったんやの。

そやが、何せえらい出世やもんの、もう勇やんとは呼べんわいの。勇やんは、佐伯さんになってしもうたがの……」

佐伯勇が、幼くして郷里を離れ、比較的スムーズに上級学校へ進めたのは、長男広策氏の引きたてがあったからである。

佐伯は、八人兄弟姉妹《きょうだい》の五番目に生まれている。男が四人、女が四人。長女、長男と勇とでは、年齢が一まわりも離れていた。

長男の広策氏は、広島の高等師範を出て、一年だけ郷里に帰り小学校で教鞭をとった。が、向学の志が捨てきれず、退職して京都帝大（現在の京都大学）に入り、卒業後は住友銀行を経て、満洲に渡り新興の電機会社に勤めたほどの人である。怜悧で、進取の気性に富んでいた。その意味で、盆地宇宙に納まりきる人ではなかった。

父源三郎氏は、ならばこそ、勇を師範学校に入れて地元の学校の先生にしよう、と思ったそうだ。が、広策氏は、勇の頭脳と好学を惜しんで、尋常高等小学校を一年で切りあげて松山中学に進学させることを強くすすめたのだ。

その結果、勇は、松山中学からさらに膳所《ぜぜ》中学、京都一中に転じ、三高、東京帝大（現在の東京大学）へと進んだのである。中学を複雑に転じたのは、三高、東京帝大に進むためのより有利な条件を求めてのことであり、それは、勇の希望というよりも広策氏の方針というものであった。

しかし、一般に佐伯のイメージは、自己の主張が明らかで、それをめったに曲げない頑固で剛健な人であるはずだ。それが、こうした少年期から青年期にかけての歩みをみてみると、まるで後年のイメージとそぐわないのである。ただ兄の意に従順な勉学好きの弟、としか思えないではないか。事実、山内さんら当時を知る数少ない人たちには、むしろ、兄広策氏の個性的な印象が強いようだ。その陰に、勇のまじめでおとなしい印象がつきまとっているのである。

佐伯の少年時代は、伊予でいうところのヤンチャ（腕白）とはどうもほど遠い。

ともあれ、佐伯勇にとって、兄広策氏は、彼の人生の最初にして最大の影響を与えた人といえるだろう。それは、佐伯自身が認めていたことでもある。が、それについては、またのちに触れることにする。

結果は、広策氏の期待に勇は見事に応えた。中学を転々としながら、京都一中で五年生を残し、四年生から三高を受験したほどであった。

後年、佐伯はこの時期をふりかえって、激しく勉強した、といったことがある。が、とくに松山中学のころは、何ぶんにも幼かった。一方で郷里のぬくもりは、依然として絶ちがたいものであっただろう。

村から西へ山を越えて松山市へ街道が走っていた。山道を歩いて横河原（重信町）に出て、そこから伊予鉄道の、例の夏目漱石の「坊ちゃん」に出てくる、坊ちゃん電車といわれるのに乗って松山へ行くんだ。（中略）休みにはこの経路を通って家へ帰った。途中に桧皮峠というのがあって、茶店がある。そこで休むと景色もいいし、ご飯もうまい。しかし変なもので、松山へ行く時より村へ帰ってくる時の方が早く歩ける気がする。いろんな近道はよく知ってるんだが、帰る時は子供心にうれしくて足がはずんだのだね。（前掲「私のふるさと」）

しかし、その後、佐伯はしだいに郷里との距離を隔ててゆく。あたりまえといえば、しごくあたりまえのことである。いちど故里を出た者は、とくに大学を卒業して社会人になると、その帰属意識は郷里から離れて、職場やその地域社会に移行してゆくものなのである。お互いの身をふりかえってみると、よくわかることだ。まして、長男でない身にはなおそうであろう。

ところが、年齢を経てくると再び故里を懐かしんで回帰現象が生じる。これも、当然といえば当然のことであろう。そのとき、いわゆる世間で名声を博していれば、それは地元でも大いに歓迎されることになる。佐伯勇についていえば、山内朋一さんが傍証するとおりである。

後年の佐伯にとっての郷里は、またふたたび心地よい小宇宙となったのである。

勇《いい》おいちゃんと社長

佐伯勇の生家は、いまは誰も住んでいない。

盆地の農村、といっても、そこだけは小規模な街区をなしている。銀鼠《ぎんねず》色の菊間瓦で葺《ふ》いた棟の低い人家が、バス一台が通るほどの道路をはさんで立ち並んでいる。

菊間瓦は、今治から西に行った菊間町（越智郡）で産する素焼瓦で、京都御所の屋根瓦や大阪城の鬼瓦なども菊間の瓦だという。近世江戸中期からは、瀬戸内の帆船《はんせん》路で西日本各地に販路を拡げた。が、格式を重んじる武家屋敷や類焼を恐れる町屋では瓦屋根が一般化したが、農家での瓦屋根は身分がはばかられて普及が遅れた。しかし、実際には江戸後期には幕藩体制下での規制はかなり緩んできて、富裕な農家では瓦を用いているのである。それは、各地に現存の文化財的な古民家からも明らかである。ただ、その場合も、棟飾りや軒だけに瓦を用いるとか、棟を低くして瓦を葺くとかのへりくだりがみられた。文化の過渡期現象、としてよい。

丹原は、江戸期の松山藩のなかにあって、当時もっとも米の生産量が多い村であった。藩内に瓦の生産地もある。となると、瓦の普及も他所よりは早かっただろう……と、棟の低い人家の屋根を見ながら、私は推しはかったものだった。

二階建てではあるが、二階は屋根裏部屋というのがふさわしい。そこが、子ども部屋にも使用された。佐伯も、そうした天井の低い二階の部屋で育ったのである。

しかし、その家屋は、ごく最近とり壊された。跡地は、丹原町に寄付され、集会所が建つことになった、という。

そこから二軒おいたところに、「別荘」といわれる家がある。東京オリンピックが開催された昭和三九年（一九六四）、佐伯が建てたものである。木造の平屋造りで、表に車溜りをもち、裏に庭園をもつ。が、全体的には、質素な造りである。

別荘の管理は、最近まで久米定吉・孝子夫妻が行なってきた（平成四年七月に定吉氏死亡）。この久米孝子さんは、佐伯の姪である。佐伯の姉クマヨさんの娘なのである。

「私の母は、家守りでした。

クマヨ、広策、規矩司《きくじ》、シメ、勇、マスエ、寛四郎、保と、八人兄弟姉妹《きょうだい》でしょう。広策以下は、男も女も皆、勉強をして家を出ていったもんだから、結局、私の母のクマヨがここに残っておじいちゃん、おばあちゃんの面倒をみることになったんです。母も杉原に嫁いだんですが、地元にいるということで家守りも同然だったんですね。

それで広策さんも勇さんも、それなりに母には恩義を感じていたようです。私がよく憶えているんは、母が七七（歳）で亡くなる前、勇さんがドタバタとかけつけてきて、枕元に座って、元気だせよ、といって、すぐアタフタと帰っていったことです。あのとき、玄関から引きかえして、母の耳元に口を寄せて、子どものことは心配するなよ、ってささやいた。それが、あの人のやさしさだったんでしょうね」

佐伯の家系での顔つきの共通点は何だろうか、と思いながら、私は、その話を聞いていた。目の前の孝子さんは、細面でおちょぼ口、一言でいうと浮世絵風の顔だちである。

むろん、叔父と姪では、類似点が少なくはなっている。それに、兄弟姉妹が多いのであれば、その子どもたちにもいろいろな顔だちがでてくるのも当然ではある。だが、私には、佐伯の郷里で佐伯に似た顔に出くわさないのが軽い不満であった。

つい、そのことが口をついて、問いかけることとなった。

「そりゃ、そうですよ。あの勇さんは、兄弟姉妹のなかでも、特別な顔だちでした。大きさも、目鼻だちも立派だったでしょう。そうですよ、私らが似んのじゃあなくて、あの人が佐伯の家筋からするど、ちょっと毛色がかわっていたんですよ」

と、孝子さんたちは、笑うのであった。

「いま、ここに呼んでいるのでもうすぐ来ると思いますのが、杉原の家を継いだのが操という妹です。その操と私は、勇さんのことを〝勇《いい》おいちゃん〟と呼んでいましたが。私らが小学校のころ、勇おいちゃんは大学生で、夏休みに帰ってきたときよく遊んでもらいました。

遊んでもらうといっても、歌舞伎の役者の声色《こわいろ》をまねてみせてくれるんですね。ええ、あの家の二階で。私らにはよくわからなかったけど、勇おいちゃんが女形《おやま》のふりをするのがおかしくって……。あれは、相当芝居好きで小屋通いをしていたんですね。

おばあちゃんが怒りましてね、役者になるのに大学に行ってるんじゃあないだろうがにゃ、って大声をだしました。すると、勇おいちゃんは、芝居を観てこにゃあ膝がふるえて勉強ができんのや、と真顔で答えてました。それから、おばあちゃんには聞こえんように、できることなら役者になりたいもんやがにゃ、っていったもんでした。

おばあちゃんは、いうても聞かんので困ったようで、こりゃ広策に説教してもらわんといかんのう、と悲しそうな声でいったもんです。そうしたら、勇おいちゃんもあわてて、いかんいかん兄《あん》ちゃんにはこのことは内緒じゃ、とおばあちゃんにあやまっていました。そうです、勇おいちゃんは、広策おいちゃんがこわかったようです」

久米孝子さんにとっても、勇おいちゃんと近鉄社長、あるいは近鉄会長佐伯勇とのギャップは大きいものであった。それは、久米さんの語り口にもよく表われていた。勇おいちゃんを語るときは、あくまでもやさしく笑みが絶えないのである。それが、佐伯勇を語るときには、たとえば言葉を選びながらの硬さが生じるのである。

事業家の素顔

「そうですねえ。戦争（第二次大戦）が境でしたねえ。

戦争を境にしての何年かは、勇おいちゃんと私たちは、ほとんど会うことがありませんでした。おじいちゃんが一七年に亡くなったときぐらいでしたね、顔をあわせたのは。勇おいちゃんも所帯をもってから、ほとんどここには帰らなくなったですから。私らも嫁ぎましたから。

この別荘ができるころは、近鉄の大社長でしょう。新居浜に近鉄出資の観光センターができたし、松山には近鉄タクシーができた。私たちも東京を引きはらって帰り、主人が観光センターで働くようになったんですが、すると、主人なんかは〝おじさん〟とはいえなくなりますでしょう。ちょっとだけ、他人行儀になりましたね。それに、勇さんの話すことが、経済や政治のことが中心で、女の私たちとは隔たりができてきました。まあ、これは、しかたのないことです。

でも、勇さんが、ここに泊るときは、くだけてくれました。ちょっといい魚をと思って、今治から取りよせたりすると、造作なことをするな、ってしかりましてね。私がつくるお惣菜を、うまいにゃ、といって食べてくれました。あの人、口はおごっていませんでしたよ。丼《どんぶり》ものが好物でしたし、ご飯に黄粉《きなこ》をかけて食べるようなことを喜んでいました。まあ、ここでくつろいでたときのことで、外のことは知りませんが……。

ここに帰ってからは、仕事関係で人が訪ねてくることを嫌いましたね。電話がかかってきても不機嫌でした。公私を混同するなって、私たちにもたびたびに注意をしていました。たとえば、就職を頼みにくる人もいましたが、社長が人事に口をはさんだら組織はもたんから一切断わるようにって、これは命令でした。

出資をしてくれとか、共同経営に参加してくれとかの誘いもあったようですが、私らにはそこまではわかりません」


一時期、坪内寿夫さんとも懇意であった、という。

坪内さんは、「四国の怪物」とか「立て直し屋」といわれた人で、とくに来島《くるしま》どっくの社長時代に斜陽の造船業の活性化をはかったことで、広く財界の注目を集めた。そして、その実績が買われて、のちには佐世保造船の立て直しにも奔走した。昭和四〇～五〇年代の、つまり経済の高度成長期の、四国経済の顔役であった。

その坪内さんが、奥道後の観光開発に執着した時期があった。そのとき、佐伯に熱心に誘いかけた、という。

しかし、どんなによい条件をもちかけられようとも、佐伯は、興味を示さなかった。近鉄が主体性をもつ事業以外に手を染めないという信念はかえられない、というのが佐伯のいい分であった。

「私は会社のものであって、会社は私のものではない」

佐伯が、とくに入社式の祝辞で好んでつかった言葉である。若い世代に接するとき初心に戻り、それをもって自らを戒めた、というべきかもしれない。

それならば、佐伯個人として事業をしないか、利益は保証するから、と、坪内さんも執拗であった、という。すると、佐伯は、私《わて》は社長としての仕事はするが自分では事業欲も金銭欲もありませんのや、と答えたそうだ。

さすがの坪内さんも、あんたは石橋を叩いても渡らんお人やなあ、と半ばあきれながらも感心して、あらためて盃に口をつけたそうだ。

右の坪内さんとのいきさつは、そこにたしかに同席したが名前をだすのははばかる、という某氏の話である。

「まじめて、小心で、だからよけいにこわい顔をしてみたり大声をだしてみたり……、私たちには、やっぱり勇おいちゃんでした」

佐伯勇を一言でいい表わすとどんなことになりますか、と私が尋ねたら、久米さんと杉原さんはしばらく沈黙したのち、そう答えたものだった。

かわいい、とはいわなかったが、あの大和屋の女将とよく似た反応であった。佐伯天皇とかワンマン佐伯と評されたこわもての佐伯像とは違った、飾らざる佐伯像なのであろう。どうも、そのあたり、女性の方が透視力がありそうである。

彼女たちに「小心」とまで評される佐伯勇の事業家としては慎重すぎる一面は、もちろん生来の性格ではある。しかし、それを普遍化してみると、農村社会に根ざした農民的な性格ということができないだろうか。たとえば、分に相応の堅実さを尊ぶ。個よりも衆への意識が強く、常識と定石を重んじるのである。もっとも、それは多くの日本人に共通する性格といってしまえば、それまでだ。ともあれ、一代や二代では大改革ができそうもない、いうなれば血の濃さのようなものがある。一般論でいうと、たとえば、「江戸っ子三代」という。

佐伯自身がそれを意識したことがあるかないか、それは、わからない。が、四国の盆地宇宙出身の佐伯が、はたしてその性根の部分までが大阪人、あるは商人、事業家になりえたのかどうか――もしそれが可能なら、私が佐伯から直に聞きたしかめてみたいテーマなのである。

せっかくつくった別荘にも、佐伯は、ほとんど足を運ぶ機会をもたなかった。とくに、晩年はそうで、そうするには、あまりにも多忙な身だったのである。

儂は、この丹原町を出てから、学生時代は東京で過ごしたし、就職は大阪ということで、何が残念かといえば、やはり愛媛県で働けなかったことですな。二府四県にわたる鉄道事業をしておりますし、関連事業を含めると各地にかかわりがあるんですが、どうも愛媛県のために尽くすっちゅうことが少ないわけです。それで、何とかこの生まれ故郷のためにできることはないか、と考えて、ほんまにささやかなことですが、後輩たちの育成を手伝わせてもらうようになったわけです。わずかな資金やが、これでしっかり勉強してもろて、大きな人間になってもらうことを、心から念願しています。これからもささやかながら続くかぎり、郷里のために尽くしていきたいですな。

昭和五六年（一九八一）、私財を投じて財団法人「佐伯記念育英会」を発足させたときの、地元テレビのインタビューに答えた言葉である。

晴れやかな顔であった。しかし枯淡の表情であった。

大学は出たけれど……

昭和４年　社員懇親会（後列中央）

郷里で語る

「大正の末期ですわ、近鉄に入ったんは。学校を出て、見習いで入って、昭和のはじめぐらいによ
うやく社員の資格をもらった。当時、月給七〇円や。
一時は運転もやったし改札も車掌も、現場はほとんどやってますよ。うん、いざというときには
運転もでける。まあ、このごろは車両がえらく複雑になったからね、われわれにはもう手におえん
ことになってはいるけど、電車動かす原理はかわらんでしょ。
この会社に入ったのは、とくにこんな仕事をしたいなんちゅうことやなかった。ふらりと入って、
末は大臣になろうとか何になろうとかいうことは、ちっとも考えとらんかった。しかしね、入って
みると、私の故郷は四国の山深い片田舎ですけどね、この会社が第二の故郷であると感得するよう
になった。それにはね、少しエピソードみたいのがあるんです。
あんたらはまだ若いからわからんやろうが、昔、帝劇(帝国劇場)ちゅうものがあった。その帝
劇が震災(関東大震災＝大正一二年)で焼け落ちて、まもなく再建されたんですが、その復興公演の
初日のことや。天井桟敷に陣どって見物してると、幹部役者の先代幸四郎や梅幸、森律子、村田嘉

久子なんかがずらっと並んでこけら落としの口上が述べられ、そこで、女優代表の森律子がこういう挨拶をした。不幸にも焼け落ちた帝劇がここに再建されたことは、まことに喜ばしい。この家《や》に生まれ落ちた私たちにとってほんとうに涙のでるほどうれしいことであり、これからさらにがんばっていきたい、という意味のことをいうたんやね。

私は、そのとき、この家に生まれ落ちた、という言葉にたいへんな感動を受けた。なるほど、と思うたんや。当時、大軌《だいき》(大阪電気軌道)というて、走行距離も短い小さな鉄道やったが、三笠山に向って大和平野をビューッと走っとるこの電車、この大和全体からの風景を見てもね、まあ捨てたもんでもなかろうと。小さい会社やけれども、ともかくこの家に生まれ落ちたんやから、これは縁であり運命や。この会社と運命を共にしよう、生きるも死ぬもこの家と共にしよう、と。そこで、グッと腹がすわったわけやね。

この家が盛んになれば、自分もようなる。この家が衰えれば、自分もそうなる。ここを第二の故郷としてがんばろう、と決めたんです。

当時、うちの兄貴(広策氏)は住友にいっとって、おまえのところは月給が安い、といわれたけど、月給が安かろうと高かろうと世間がどうあろうと、波風がたとうと、儂《わし》はこの家に生まれたんや、という気もちで一蹴し、今日までやってきた。それで、儂もまあ世間的に少しはましになれたんやろうし、当社の大きな繁栄の原動力にもなったのかもしれんね」

佐伯勇は、そう語っている。

例のかすれた濁声《だみごえ》に、ほどよい抑揚がつく。とくに、語尾に余韻を残す。「そやろ」とはいわないが、ときに相手にそうたしかめるかのように、絶妙の間合いをおく。

そのとき、右肩を少しつきだして視線を宙に止める。瞬間、眉毛の乏しい眉尻がつりあがる。その一瞬の表情に、畏怖を感じる人も少なくなかった。

手がよく動く。右の会話のなかにも、ビューッとかグッとかの擬音がしばしば入る。そうしたとき、手が動くのである。

「佐伯さんは、手話も得意でしたな」と、そのようすをさらりと評したのは、財界では無二の親友であった谷口豊三郎さん（東洋紡績相談役）であった。

ところで、いま私は、佐伯勇の姿や言葉をVTRから拾っている。先にも示したように、私は彼と直に面談したことがない。そこで、彼をよく知る人たちからの聞きとりを中心に本稿を起こすことになるのだが、現代のありがたさは、VTRがくり返して見られることである。とくに、晩年の佐伯については、彼が好むと好まざるとにかかわらず、講演会や記者会見のようすがことごとくVTRに撮られているのだ。

ただ、彼は、そうしたときは公人佐伯勇に徹しているのである。記録されることを十分に識って、言葉を選んで話している。そのことは、誰もがそうなのであるが、彼の場合は特別にその意識が強い。しかし、話術は巧みである。というか、サービス精神も旺盛なのである。したがって、聞く人を飽かせることはない。が、何本かＶＴＲを見てみると、話の筋立がまともでありすぎて隙がないのである。

当然のことである。佐伯勇の一言が、会社や財界を揺るがしかねない、その立場があったのだ。いうなれば、台本に忠実な演技者にならざるをえなかったのだ。

だが、私は、そうした彼の素顔の表情と感情の起伏を探りたい、と思っている。すると、この種のＶＴＲは参考にはなりえても、引用資料にはなりえないのかもしれない。そう諦めかけたところで、テレビ愛媛の「えひめ人その風土」のＶＴＲにでくわした。昭和五七年（一九八二）一二月放映の三〇分のインタビュー番組で、二回分がある。

佐伯が七九歳のときである。

このテレビ出演では、まず、表情がにこやかである。姿勢もくだけていて、口ぶりもやさしい。その半年ほどあとにＮＨＫの日曜朝のインタビュー番組にも出演しているのであるが、そこでは鈴木健二アナを相手に丁々発止と会話を楽しみながらも、時折あの、そつのない公人の顔をみせているのである。

ひとつには、ローカル番組と全国放送との違いを彼自身が意識していたのであろうか。むろん、愛媛テレビへの出演を軽んじたわけではないはずだ。そこにも、よくみれば、習い性ともいうべき公人の顔が見え隠れする。が、全体に好々爺であり、自然体であるのだ。

それは、郷里でのテレビ出演であることも作用しているのではないか。親戚や友人たちに対して、懐かしく語りかける気安さがある。インタビュアーに対しては、郷里の後輩を相手にするやさしさがある。少なくとも、そこには利害関係がなく、しかも、功なり名を遂げた立場の余裕もある。

そして、インタビュアーが求めるところは、経営論や組織論ではないのである。佐伯勇の半生と故里への想いが主たる話題となるのである。

もうひとつ、さらにうがってみれば、そのとき彼は七九歳であった。その一〇年前の彼であれば、いかに郷里のテレビ番組であったとしても、そこまでくつろげたかどうか。

ともあれ、あくまで私にとってみればであるが、このVTRは出色のできばえなのである。そこで、右のごとく、佐伯勇の肉声は以下もおもにそこから引きだすことにする。

入社までの空白

さて、右に掲げた佐伯勇の回顧談であるが、二、三の不明な問題を含んでいる。

まず、佐伯の大学卒業年度は、大正一五年（一九二六）である。三月、東京帝国大学法学部法律科卒業。

その年の一二月二五日に大正天皇が崩御、元号が昭和となる。つまり、昭和元年は数日間しかなかった。

そして、佐伯の大阪電気軌道株式会社（大軌＝のちの近鉄）入社が、翌昭和二年（一九二七）である。現在、近鉄本社に残る佐伯の「人事表」を見ると、入社月日が七月一五日とある。また、「月俸表」を見ると、入社月が一二月とある。が、いずれにしても、大学卒業から入社まで一年以上の空白が生じているのである。

それが、佐伯のいう見習い期間であったかどうか――多感であっただろう佐伯の青春時代をかえりみるには、興味をそそる空白期間なのである。そのことを詮索するのが本意ではないが、それをわからないままにしておくのは、評伝の筆者としてはいかにもしゃくなことでもある。

ときは、不況の時代であった。

一例をあげると、佐伯の大学在学中に関東大震災が起きている（大正一二年）。第一次世界大戦（一九一四〜一八）後の不況に追いうちをかけるできごとであった。そこで、政府は首都圏に戒厳令を公布、日銀は震災手形割引損失補償令を公布した。戒厳令はやがて解かれたものの、震災手形の割引期間は五年間にわたって延期を重ねることになった。ということは、震災後の経済面での復興がおぼつかなかったわけである。そのころ、貿易面でも輸入超過額が年々最高額を更新する状況にあり、為替相場で円が下落、とくに生糸や綿糸市場は悪化する一方であった。政府は、財政緊縮方針を貫かざるをえず、たとえば大正一四、一五年あたりで一般会計歳出決算は、前年より約一億円の減少であった。

ついに、昭和二年には、金融恐慌が生じた。第一次世界大戦での不自然な産業膨張と中小銀行の放漫な貸付、その後の不況と震災手形の余波などで、預金者に支払いができない銀行が相次いだのである。そして、中井、村井、中沢、八十四、左右田、台湾、近江など三二銀行が休業に追いこまれた。その結果、預金者のなかには支払停止のショックで発狂したり自殺する者もでた、という。

そうした不況下での就職である。思うにまかせなかったのも無理はない。

しかし、佐伯勇の大学卒業後の空白の一年余の詳細について知る人はほとんどいない。当時の彼と親しかった人たちも、すでに生存者は少なく、あったとしても記憶はすこぶる曖昧である。そして、誰もが、佐伯さんがそういっているのなら見習い期間だったんじゃあないですか、と簡単にすませてしまうのである。

そういえば……、とあらためて首をかしげたのは、芝谷常吉さんである。

明治三三年（一九〇〇）生まれ、佐伯より年長であるが、東京帝大卒業時は同じである。芝谷さんは、大学卒業と同時に大軌に入社、以後おもに線路や橋梁関係の技術畑で活躍、のちに近鉄常務から奈良交通社長、三重交通社長に転出した。

佐伯と同世代で同学歴、長年同じ近鉄グループに属していながら、いちども仲たがいをすることなく信頼関係を保ちえた、その意味では稀な人である。さいわいにして、芝谷さんは、運輸業界を引退したのちも壮健であった。九〇歳を過ぎたいまも、天候と体調がよければゴルフに出かけるそうである。

口調にかざりけがなく、あくまでも穏やかである。ときに音程を違えてかん高い声がでるのは、遠耳で自分の声の微妙な判別がつきにくくなっているせいで、それは長寿のしるしとしなくてはなるまい。

「そやな、私は工学部の出でずっと技術畑を歩いてきたし、佐伯さんは法学部の出で事務系の経営畑やったから、あんまり競うことがなかったんやろな。性格も、あっちは派手、こっちは地味で正反対ほどに違うしな。

そやけど、はじめのころは、私のほうが職位も給料も上やった。私は、大正一五年に卒業するとすぐに大軌に入社した。面接に行ったら、その場ですぐに本採用、月給は一一〇円や。そや、佐伯さんらが七〇円、官庁に入った連中が八五円のころやから、破格の条件やな。何しろ、一〇〇〇円で家が建った時代ですからな。たしか、大軌の年間収入が六五〇万円ぐらいやったなあ……。

そうです、私は、大軌ではじめての東大新卒でした。正確にいうと、電気科からもう一人いたから二人同時やけどな……。ちょうど、大軌が参宮急行をつくって大阪から伊勢を一本でつなぐ計画が進んでたころで、工学部出の技術者が必要やったんやな。世話になった助教授の仲介もあって、私は大軌に入ったんやが、まあ一流企業とはいえませんでしたな。実際、先輩や同級生からは、何であんなおんぼろ会社に行くんや、といわれました。それに、大軌に入ってからも、先輩社員から、あんたら黙ってても官庁に入れるのに何でこんなちっぽけな会社に来たんや、といわれましたからな。

そうそう、佐伯さんのことでしたな。

佐伯さんが、私と同期入社でないことはたしかです。あとで……、あれ、いつやったかなあ……、私が入社してちょうど一年ほどあとで佐伯さんの顔見たとき、あれっ何で遅れて入ってきたんかなあ、と不思議に思うたことがあります。そやけど、あらためてその理由を尋ねたことはありませんなあ。あんたが聞くから、そういえば……、と思いだしたわけや。

たしかに、事務畑の人には見習い期間があった。そやけど、一年間以上の見習いというのも、そのころやとちょっとおかしいわな。不況やいうても、実際的な不況は金融恐慌からやからな。そら佐伯さんのあと、昭和四、五年入社の連中は見習い期間が無給で一年以上ということもあったやろ。そやけど、佐伯さんの入社のころ、昭和二年でしたな、そのころはそんなはずないけどな……。まして、帝大出やしな。

そうですか、入社月日が二通りあるんですか」

しかし、当時の大軌とその周辺の社会状況を芝谷さん以上によく知る人はもういないのである。ここは、芝谷さんの推理にしたがうしかないのである。

「さあなあ、推理しろといわれても困るが、あれこれ考えあわせてみると、人事表か月俸表のどっちかに書かれている日付が本採用の日やろな。そうです、一般に、見習い期間は書きませんのや。人事表、月俸表とも信用せなあきませんやろな。それぞれ担当の係が書くもんやから。けど、大軌、近鉄を通じて大事な保管資料は、辞令にもとづいてつくる人事表やろな。のちには人事カードと呼ぶようになったんやが、ふつうはそれに昇進も昇給も書いてありますやろ。辞令に給料も書かれておるんやし、人事表にはそれをそのつど書き加えていくんやから……」

たしかに、これ以上、月俸表の存在にこだわることもあるまい。事実、あとで近鉄本社の役員人事表の管理担当者に確認したところ、歴代の役員で人事表のほかに月俸表を残すのはごく少数であるということもわかった。

そこで、あくまでも人事表にしたがって、佐伯勇の大軌への入社は、昭和二年七月一五日と仮定しよう。すると、芝谷さんの記憶にかすかに残る、ちょうど一年ほど遅れて佐伯の顔を見た、ということともうまく符合するのだ。昭和二年の春ごろから見習いをはじめ、七月に本採用とみるのが妥当ではあるまいか。

しからば、大学卒業からあとの一年間、佐伯勇は何をしていたのであろうか——。

おとなしい勉強家

佐伯勇と東京帝大が同期で、芝谷さんと同じように以後のつきあいが長く続いたのは、鹿喰《ししくい》清一さん（元日本開発銀行理事）であった。しかも鹿喰さんは、三高、東京帝大を通じての友人であったのだ。

佐伯さんのプライベートなことが話せる人は、もういないでしょうな……、と鹿喰さんは、いたくご機嫌であった。

「佐伯は、三高ではおとなしい学生で、あんまり目立たんほうでした。

そのころの三高は、自由な校風でマルクスや西田哲学に熱中して勇ましい議論をする連中が多かった。私らが慕うていた歴史の先生が、私らにとってみると納得のゆかないかたちで首になった。それで、授業ボイコットでストライキを決行する大事件があったんだが、そのときも佐伯は、たしか参加してないはずです。おとなしく勉強しているタイプでしたな。

三高は、全寮制でした。佐伯は、お稚児《ちご》さん扱いでしたよ。いや、いや、変にいじめるというのじゃあない。だって、そうでしょ。佐伯は、中学四年から入ってきているんだから、五年を終って入ってきた者とはひとつ年下だし、浪人してきた者もいるので、そりゃあ幼いですよ。そのうえ、肌のきめが細かいペロッとした顔していましたから、幼すぎた。猛者《もさ》連中の話には、はいれませんわ。隅のほうでおとなしくせざるをえなかった立場にあったわけですよ。あとの、あのエネルギッシュな佐伯しか知らない人は、三高時代の佐伯は想像もできんでしょうな。

中村直勝という国史の先生がいましてね。その中村先生の、いまでいうゼミのようなかたちで四、五人のグループがあった。亡くなった大宅壮一（評論家）、佐伯、私なんかがいた。勉強会のあと、よく中華料理を食べに行ったもんです。そこでも、大宅がよく喋りましたからね。佐伯は、やっぱりおとなしく聞き役でしたよ。
ああ、大宅というのは、一級上のせいもあったが、ほんとによく喋っていたなあ……」

ときに、年配の方の回顧談は、饒舌に流れるおそれがある。ただ往時が懐かしいだけでもあるまい。年数を経ることによって、ほとんどのできごとが浄化されたり美化されてくるに相違ない。そこで、過ぎし美しい日々に酔いながら話すことにもなる。しかも、概して若年層は、そうした昔話に耳をかしたがらない。それだけに、聞き手を得て言葉が流れだすと、心理的にも躁状態となるのはいたしかたないことであろう。

当方は、そういうことには慣れている。

民俗学の基本的な調査法に聞きとり法があり、私もこれまで数多くの古老と接した体験をもっている。はじめは、あらかじめ予定した調査項目にしたがって質問を重ね、それをノートに記録していた。いうなれば、まじめに聞きとり調査をしてきた。が、そのうち、いささか疑問が生じたのである。それで、どれほど生活臭のある話、俗にいうところのホンネの話が聞きとれているのであろうか。アンケート調査やインタビュー取材より、どれほど深い話が聞きとれているのであろうか。

そうした疑問が生じたのである。

逆に、自分を調査される側におきかえてみたらどうか。じつは、私は、郷里の吉備高原では神職でもあり、秋祭りや正月行事などで多忙な時期は神主業が主業となる。したがって、さいわいなことに、調査される側にも立つのである。むしろ、先の疑問は、そこから生じたといってもよい。

とくに、忙しいときに型どおりの質問を重ねられると、やはり煩わしく思われる。そんなときは、丁寧に正確に答えようという意識をもちながらも、ついつい紋切り型の回答しかできなくなるのだ。ましして、状況をわきまえないで長居をきめこまれると、出直してきてくれ、ともいいたくなるではないか。実際、調査をしてやっている、といわんばかりの手前勝手な学徒も結構多いのである。

ホンネ、あるいはホンネに近い話を聞かせてもらおうとすれば、相手しだいの問わず語りの状態がいちばん望ましい。気分よく得意になってお喋りしてもらう。すると、ホンネの部分もでてこようというものである。そのとき、あれこれ口をはさんだり問いただすことは戒めなくてはならない。まずは、話の流れを大事にすべきである。

いきおい話は、予期せぬ方向にそれることもある。だが、またいつかは戻る。私のこれまでの経験からすると、たとえば、自分や身内の自慢話が一段落しないことには当方の求める話題に進みにくい。艶話がでてくれば、しめたものである。あとは、ちょっとだけ誘導すれば、いい話が聞けるはずである。

というと、いかにも作為的であるかのようにとられるだろうが、要は、ことを急《せ》かないでのんびり構えていればよろしいのである。その点、私は、自分でも驚くほどのんき気である。たぶん、はたからみると、横着であるということにもなろう。

あるときから、私は、そこでノートもとらなくなった。もちろん、効率は悪い。が、当方の記憶に残るところが必要な話であればよいのだ。また、つっこみが足りなかったりあやふやな部分は、あとで、今度はそのことにしぼって聞きたしかめればよいのである。何度か足を運ぶ労をおしんではならないのではないか、と思う。

　ともかく、縁あっての対面である。双方が楽しい時間を共有できるところに意義がある——とするのが、私の聞きとり法なのである。もっとも、横着者の屁理屈といわれれば、それまでである。

芝居に凝ったころ

「大学時代の佐伯は、あんまり勉強しませんでしたなあ。
三高までが、ガリ勉型だったでしょう。まあ、おくてやった。それだけに、大学生になって世俗なものがおもしろくなったんでしょうな、人一倍に。というても、帝大生だから、そう無茶な遊びはせん。いまの学生と違って、当時の大学生はプライドがあった。世間の見る目も違うてたから……。

　佐伯は、芝居に凝った。そう、歌舞伎です。そうか、四国の姪ごさんもいってたですか。じつは、佐伯を芝居に連れて行ったのは、この私です。私は、東京で生まれ育ったので、子どものころ親父に連れられて芝居にはよくなじんでいた。

　佐伯が、いつだったか、歌舞伎が観たいといった。佐伯も、もともと芸事が好きだったんですな。

伊予の生まれだったでしょ。四国は人形浄瑠璃《じょうるり》が盛んなところですからな。義太夫の節まわしも、ちょっとはできたんでしょう。それで、東京へ出たら歌舞伎を、と思ってたんでしょうな」

そのころ、東京で歌舞伎を上演する劇場というと、新富座、明治座、歌舞伎座、それに春木座などがあった。

「本郷の大学の近くに春木座があったから、そこへよく通ったもんです。佐伯は、ドングリまなこをもっと、こんなふうに見開いて観ていましたなあ。ちょうど六代目菊五郎が弁天小僧を演じているのを、ええなあ、ええなあ、としきりに感激して観ておりました。そら、帰り道でも顔を紅潮させて、菊五郎はええなあ、ええなあと、ものの怪《け》が憑いたようにくりかえしていっていました。ああ、この男はこんなに感激屋なんか、と私がびっくりしたほどです。

それから、毎日のように、というのも大げさやが、平均して一週間に一度か二度の割では通ったでしょう。そのうち、佐伯の妙な癖《くせ》に気がついた。役者のせりふや地方《じかた》の義太夫をまねるんです。もちろん、小さい声やが、たえずぶつぶつ喋ったり唄ったりしてる。帰りなんか、市電（のちの都電）のなかでも声色《こわいろ》をつかって復唱する。こっちは恥しいんですが、やっこさんは平気の平左。知らん人が見ると、本物の役者と間違えたんじゃあないですか。あのとおりの役者顔だし……。上手か下手かって……。素人としたら上手だったでしょう。それ以上に上手だったら、役者か芸人になっていたでしょうな、その程度の上手だった。何せ、やっこさん、音痴に等しいところがあったから、好きなほど、努力したほどには上達しませんでしたな。

ひとつ、困ったことがあった。芝居を観ている途中、やっこさん、かけ声をだすんです。例の成駒屋っとか、音羽屋っとかね。それが、見事にタイミングがずれるんですな。あそこには、何年も通ってきているそれ専門の熟練者がいるんです。その人から、お前はやめろ、としかられましてね。その失敗が二、三度あったかなあ。まわりからも変な目で見られるし、やっこさんもさすがに懲りたんだなあ……、もう歌舞伎はやめようといいだしました。

それから、しばらく河岸《かし》をかえて沢正《さわしょう》を観に行ったんです。そう、沢田正二郎の新国劇。あれが旗揚げしたのが、たしか大正一〇年（一九二一）ころで、たいへんな人気だった。浅草に公園劇場というのがあって、そこが常打ち小屋だった。そら、新国劇は、観ていても気がらくでしたよ。歌舞伎のようにうるさいしきたりがないから、佐伯は、タイミングやまわりを気にしないで、ひたすら沢正めがけて声をかけていればよかったんですから。いよっ大統領、ってね。あそこは、屋号を呼ばなくって、いよっ大統領、ですんだんです。佐伯のような無器用な人には、よかったんですね。

それでも、またしばらくすると、やっぱり歌舞伎がええな、といいだして……。二度とかけ声をかけないことを条件に、私もまたつきあいましたよ。

いつも、二人つるんでいましたよ。私たち二人は、東京帝大演劇学科に行ったようなもんです。

当時の帝大では、たった二人の異端児でした。ろくに勉強したもんじゃあないですな」

鹿喰さんの回顧談は、まだまだ続く。リューマチで痛むという右足をさすりながら、しかし、口舌はまだ疲れをしらないのである。

が、以下は割愛して、そろそろ本題に戻そう。


「佐伯の卒業後ねぇ……。

はて、どうだったか。じつは、佐伯と私は、卒業間際からのち一〇年以上、一時音信も不通になったんです。私は、卒業を待たずして、中国に渡った。二月に時事通信社の試験を受けたら、その場で採用、すぐに上海に行け、ですよ。そんな時代だったんですね。

それから佐伯には会っていない。佐伯とまた親しく口をきくようになったのは、戦後（第二次大戦後）、私が銀行に再就職してからのことだから、その間のことは、わからないんですよ。あとで、あらためて聞いたこともないし、佐伯も話さなかったし。

いや、まてよ。佐伯は、たしか、銀行の就職試験を受けたはずだが……。いや、そうだ。たしか、三菱を受けるというようなことを聞いたことがある。

ほんとうに、どうしたんだろう。どうして、大阪のほうに行ったんだろうか。はて、わからん。こんなことなら、いちど本人から聞いておけばよかったなあ。

もっとも、聞いたからといって正直に答えたかどうか……。あのころの佐伯は、それなりに屈折した気もちをもっていたはずです。私もそうだった。だって、そうでしょ。帝大の、それも法学部を出たら中央官庁に行くのがふつうで、民間企業に入るのはごく少数。いまと東大の存在価値が違っていましたからね。官庁へ行けないというのは、それだけでつらい立場だったんです。

ああ、こんなことがあった。迫水久常《さこみず》という、郵政大臣をしたのがいるでしょう。彼は、私らと同級生で大蔵省に入ったエリート組です。のちに、皆がそれなりに出世して公式の場で時どき顔を合わすようになったが、佐伯は、けっして自分から挨拶しようとはしませんでしたからね。まだ、あのころの挫折感や反発心をもっているんだなあ、と思ったことがありますよ。

だから、卒業して就職するまでのことは、本人からはいわなかったでしょうね。私らが知らんとなら、もう他に知る人はいないかもしれんなあ……。

あんたも、ごくろうなことですなあ」

鹿喰さんの声がかすれて、喉にからむようになった。こう語り終えて、その痩身を深々とソファーに沈めたのである。

なお、鹿喰さんは、その後もしばらくお元気であったが、今年（平成四年）一月に亡くなった。九一歳であった。年齢からすれば当然のこととしなくてはならないが、わずかに健在だった佐伯の朋友がまたひとり、ものいわぬ人となった。聞きとり調査で、ことを急くこともあるまいという流儀にしたがってきた私も、内心穏やかでいられなくなった。
佐伯勇は、私にとってはまだ遠いところにあるのである。

兄嫁の証言

佐伯勇の大学卒業から就職までの一年間の空白を埋めてくれそうな人が、もうひとりいた。佐伯房子さん——佐伯勇の兄広策氏の夫人である。佐伯が兄広策氏の感化や援助を受けて上級学校に進んだことは、すでに述べた。

それに、佐伯が大軌に入社してからも、しばらくは兄の家に寄留して通勤をした、という。もしかすると、大軌への就職をすすめたのも兄広策氏であったか、と想像することはたやすい。しかし、広策氏は、すでに鬼籍に入って久しい。ここは、その婦人の記憶に頼るしかないのである。

ただ、房子夫人も相当に高齢のはずである。よい状態で話が聞けるものかどうか、一抹の不安はあった。が、近鉄本社の秘書室から連絡をとってもらったところでは、訪問を受けてもらえるそうである。

私は、約束した時間に、阪急西向日駅（京都府）近くの閑静な住宅地にある佐伯家を訪ねた。チャイムを何度か鳴らす。しかし、玄関のドアは固く閉ざされたままである。諦めて引きかえそうとしたとき、ドアの内側にかすかな人の気配が感じられた。

玄関のタタキは暗い。どちらはんですか、と夫人はけげんな顔であった。

どちらはんですか、と何度尋ねられたことか。具合が悪うて寝てましたんで上がってもらうことはできません、と、その言葉もくりかえされた。

しかし、化粧顔であった。白粉《おしろい》に紅。美人顔である。が、笑みはなかった。

「たしかに、大軌に入ったころの勇は、私ども小阪（東大阪市）の家におりました。私が食事や洗濯の世話をしましたが、そんなに手がかからん子でしたな」

聞き得た話は、それだけであった。

そうしたときは、諦めるしかない。また出直すしかないのである。北風が頬を削ぐような、寒中の小昼時であった。

再訪は、辻本和子さんに同行してもらった。和子さんは、佐伯勇の長女で、したがって佐伯房子さんからすると姪ということになる。

季節は巡って、初夏を迎えていた。佐伯家の座敷の戸も開け放たれていた。風がさわやかであった。

房子夫人は、ワンピース姿であった。立居も軽やかであった。

「手がかからんどころか、世話の焼ける子でした。主人（広策氏）の前では、そらおとなしかったんです。主人が学資の面倒もみてやりましたから、頭があがらんですわ。いえ、勇さんだけやのうて、京都の女専に行ったシメとマスエ（勇の姉妹）、そのあとが阪大の医学部に入った寛四郎（勇の弟）。みんな、主人が呼びだしたんです。

勇さんは、独身時代はずっと私どもの二階におりました。主人は、亭主関白というか、家の内では絶対君主で、勇さんを置くので面倒をみるように、っていわれると、私はハイッとしたがうしかありません。主人は、そら株もやってたけど、所詮は給料とりですから、私の財布はいつもピーピーでした。私の着るもんなんかはあとまわしにしても、子どもや弟たちの食べることは用意せなあかん。世話が焼けましたわ。

そのうえ、勇さんは、ときどき私に小遣いをせびるんです。大軌の給料が少ないいうても、給料日が過ぎて間がないのに金がない金がないいうて……。ほんまに何に遣うてたんやろか。ええ、主人がいないときをねらって、おばはん金貸してくれ、ですわ、私がちょっと渋ると、出世払いや、いうて遠慮のうもってゆく。それで、きまって兄貴には内緒やで、というんです。

いいえ、いっぺんも返してもろうてません。出世してからも、そんなこと知らん顔してましたわ」

夫人は、淡々と語るのである。

それには和子さんも苦笑いをかえすしかなく、それじゃあいまからでもお返しせなあきませんなあ、と答えたものであった。

これが同じ夫人なのか、と、何度もわが目を疑った。表情にも言葉にもはしゃぐところはないが、ためらうところもない。和子さんの同行のおかげでもあろうが、その和子さんへの遠慮もまたみられない。

「大学を出てからのことは、詳しいことは、私にはよくわかりません。主人は、もちろん知っていたでしょうが、主人と勇さんのあいだでどんなことが話されたかは、私にはわかりません。それを詳しく話してくれるような主人ではありませんでしたから……。

そうですか、いちばんはじめは東京で三菱銀行を受けたんですか。主人は住友でしたから、もしかしたら、それに対抗する気もあったのかもしれませんなあ。それが、うまくいったら、勇さんも兄離れがも少し早くできたんでしょうが……。主人のワンマンぶりは、勇さんに対しても絶対服従を要求していましたからね。反発があったかもしれません。でも、どちらにしても、銀行に向く人じゃあなかったですね。

それで、一年東京で遊ばせてほしい、といいだした。たしかに、そんなこともあったようです。もちろん、主人は怒りました。お金はかかるわ、あげくは芝居狂いをするわ、ということが目にみえてましたから、手元において監視しようとしたんです。でも、勇さんも、そのころは一言や二言は返すようになっていましたので、多少すったもんだもあって、それでも結局、兄貴には頭があがりませんから、夏ごろだったか東京を引き払って大阪へ帰ったんです。

主人は、住友へ口をきいてやってもよい、といったんですが、自分で就職口を探す、といって毎日のように出歩いておりました。でも、あんまりぶらぶら遊ばすわけにもいかんし、主人が大軌を紹介することになったんです。たしか、そうだったはずです。

勇さんは、あまり気乗りがせんようでしたが、取引銀行の内側からみて大軌は将来が有望だから、と主人が薦めたんです。それで、年が明けたころから勤めだして、現場の見習いをしていました。運転のことはよう知りませんが、上本町の駅の改札にはたしかに立ってました。儂が勤務の時間には電車に乗ったらあかんど、というてたもんです。恥しい気もちもわかるんですが、おかげで百貨店に買いものに出かけるのにも不自由しましたわ。

それから半年ほど現場で見習いをして、それから本採用で事務に移ったように覚えてます。あの人の勤務を気にせんと電車に乗れる、とほっとしましたんが、だいたいそんなもんでしたから……」

けっして批判がましい口調ではないが、歯に衣を着せぬ語りなのである。

概して女性の場合、とくに年配の女性の場合、そうした傾向がみられる。警戒心も強いが、それを解いたのちは、隠しごとやかばいだてが急速に薄らいでゆく。むろん、自身の不利についてはロがかたい。が、他人ごとについては自制心が薄らいでゆく傾向がみられるのである。いわゆる社会的な義理を重んじる、その遠慮が乏しい。男どもがいうところの友だち甲斐は、もとより通じにくいのではあるまいか。

もっとも、それは、私の個人的なささやかな経験からくる所見にすぎない。どれだけ一般化できるか、確証はない。が、私は、そうした彼女たちの言葉が、こうした場合のものの本質をつく直観からなることを信じたいのである。

事実、今回の佐伯勇についての一連の取材のなかでは、佐伯房子さんをはじめとする女性たちの協力がなかったら、社会的な地位を得るなかで彼が重ね着た鎧《よろい》を剝《は》ぐことはできなかったであろう。彼女たちにとっての佐伯は、公人としての佐伯ではなく、あくまでもひとりのヒト、それもオスとしての佐伯なのである。

だされた菓子には手をつけないままであった。レーズンクッキーが二個、それに自分の食べ残しの一個を加えて、房子さんは、すばやく私のポケットに入れてくれたものであった。

大軌という会社

大学を卒業して大軌に入社するまでの空白を、ほぼ埋めることができた。

会社をわが家として運命を共にしよう――大軌に入社した佐伯勇は、そう決意した。そこに至るまでの心中を察することは、できないことではない。だが、それは、さほど意味があることでもあるまい。大半の人が多かれ少なかれ経験する青春の屈折とすれば、それまでである。

ただ、佐伯にかぎっていえば、それまでが順調でありすぎた。兄広策氏の理解があって、学業にいそしむことができた。旧制中学四年から三高に特進、東京帝大にも現役で入学、もっとも優れた学歴を有しているのである。そのままゆけば、「末は博士か大臣か」のはずであった。

それが、希望した就職試験に落ち、関西の新興の電鉄会社に勤めることになったのだ。佐伯にとってみると、明らかに挫折であっただろう。はじめての挫折、といえるはずである。

世は、不況の時代であった。それをいいわけとして、自慰することはできたかもしれない。が、それで内心の不満や不安が解消するとも思えない。

思いきるしかなかったであろう。そのとき、帝劇で接した森律子の「この家に生まれ落ちて……」という例の言葉を思いだして玉条とした、という想像も許されよう。いささか単純にすぎるが、そうしたときの佐伯の気分転換の速さは、天性のものがあった。

のちに佐伯は、当時の大軌を「ちっぽけなおんぼろ会社」といったことがある。それも、屈折した心情を表わしている、とよむべきではあるまいか。が、それは先に芝谷常吉さんも証言したように、あくまでも帝大出の者の就職先としての格をいうのであって、社会一般の評価ではない。たしかに、佐伯の理想とする就職先ではなかった。内心じくじたるものがあったであろう。ところが、そのときに、それをおんぼろ会社、といったのではない。おんぼろ会社とは、のちの回顧談のなかでいったのである。その意味ではたしかに小規模であった大軌という電鉄会社が、その後発展して近鉄という大企業となり、その頂点に自分が立っている――そこで、よくぞここまで、という感慨があってその言葉がつかわれたのに相違ない。それは、若き日の挫折感をすっかり解きはなつ言葉、というべきなのである。

さて、当時（昭和二年、佐伯勇の入社時）の大軌である――。

資本金は、四〇〇〇万円。ちなみに、そのころに設立された豊田自動織機製作所の資本金が一〇〇万円、倉敷絹織のそれが一〇〇〇万円、住友別子鉱山が一五〇〇万円であったから、新興の諸企業よりは大規模であったということになる。もっとも、レールや車両などの設備投資がかさむ電鉄会社の資本金は、概して大きい傾向はあった。同列の電鉄会社と比較してみると、たとえば阪急の資本金が三〇〇〇万円、阪神のそれが四〇〇〇万円、南海のそれが七〇〇〇万円（いずれも当時）であったから、特別それが巨額というわけではない。そして、南海の経営規模には遠く及ばなかったことも明らかである。

もちろん、資本金の比較だけで企業の経営規模を推しはかるわけにはゆかない。あくまでも、それは目安にすぎないのだ。

当時の世情からすると、電鉄産業は、時代の先端産業としてはすでに色あせてはいたが、それだけに安定性もでてきていて、さらに将来の発展が有望視されるものであった。

とりわけ、沿線の農家の子弟の就職先として人気が高まっていた。とくに、現場勤務であれば、早朝や深夜の勤務があるかわりに休日も多い。その休日を上手に利用すれば、営農も可能なのである。のちに一般化する半農半勤のはしりは、そこにあるのだ。

私鉄網の発達

日本の近代交通は、鉄道が支えてきた。

一方に、明治五年（一八七二）の新橋—横浜間の鉄路開設にはじまる帝国鉄道—国有鉄道の系列がある。端的にいうと、蒸気機関車に引かれて発展した鉄道である。

それとは別の流れで、はじめから電車で構成された鉄道の発展がある。それは、私鉄が主流であるのだ。

日本の電鉄のはじめは、明治二八年の京都電気鉄道（のちに廃止）であった。もっとも、それより五年前の明治二三年に東京上野で開かれた内国勧業博覧会で車体の長さが一七尺（約五一五センチ）というスプレーグ式電車が走ったというから、厳密な意味での最初ではない。営業用鉄道のはじめが、京都電気鉄道なのである。現在の京都駅近くから伏見までの約六キロの間を、モーターや台車はアメリカ製、車体は国産の木造という市街電車が走った。その電力は、琵琶湖の水を引いた水力発電であった。

続いて、明治三一年に名古屋電気鉄道（のちに廃止）が、明治三二年に大師電気鉄道（現在、京浜急行電鉄）が、明治三三年に小田原電気鉄道（現在、箱根登山鉄道）が開設されている。東京での電鉄のはじめは、明治三六年の東京電車鉄道（のちに廃止）であり、大阪での電鉄のはじめは、明治三八年の阪神電気鉄道である。なお、ちなみに、その当初は院電（帝国鉄道院の電車の意）と呼ばれていた東京の山手線の一部電化は、それらより遅れて明治四二年のことであった。

しかも、私鉄電車は、大阪を中心とした関西で発達した。開設が早いか遅いかは別として、泡沫路線に終わることなく企業化して今日に伝わるという意味で、電鉄産業は関西にいちはやく根づくのである。

阪神電鉄を皮切りに、明治四〇年に南海鉄道が、明治四三年に箕面有馬《みのおありま》電気軌道（現在、阪急電鉄）、兵庫電気軌道（現在、山陽電鉄）、嵐山電車軌道（現在、京福電鉄）、京阪電気鉄道が相次いで開設されている。なかでも南海は、和泉地方の紡績産業の発達にあわせて貨物運送をも大規模に発達させた。そして、わが大阪電気軌道の創立もまた、明治四三年のことであった。ただし、それは、会社の創立であって、大阪上本町―奈良間の建設工事が完成して開業したのは大正三年（一九一四）のことである。右に掲げた他の私鉄群の開設開業に遅れること数年のことであった。

東京を中心にも、私鉄の開設は進められた。先に紹介した明治三二年の大師電気鉄道をはじめとして、東武鉄道、王子電気軌道、玉川電気鉄道などが明治期に開業している。しかし、関西の私鉄に比べると、いずれも比較にならないほど小規模なものであった。たとえば、東武鉄道が「肥桶《こえたご》電車」、玉川電鉄が「砂利電」と呼ばれたように、それらは本格的な郊外電車とはまだいえない状況にあった。

明治期、東京における郊外電車の発達は、山手線や中央線、総武線など、開設早々に鉄道院（のちの鉄道省）に統轄された院電が中心であった。しかし、これも明治時代には、山手線は部分運転であり、中央線と総武線も未連絡で、都市の動脈というには心もとない状況にあったのである。その電化となると、なお未発達であった。

そうした結果において、東京中心の関東で国営の鉄道網がより発達し、大阪中心の関西で私鉄の電車網がより発達したことは事実である。

それを、東京と大阪の対立構造とするのはなお問題が残るが、巷間いわれるところの東京の官僚主義、あるいは権威主義と、大阪の商業主義、あるいは実質主義と符合することもまたたしかなのである。

電鉄産業の発展は、都市の近代化にしたがってのことであるのはいうまでもない。とくに私鉄は、都市が拡大して人口が郊外に流出、膨張してゆくにつれ、その路線を延ばしてゆくのである。

そのはじめ、なぜ私鉄は、というか、なぜ電鉄産業は関西で発達したのか――。

当時、都市の規模は、必ずしも東京が大きいとはいいがたかった。そもそも江戸・東京は、地方から一時的に移住した人たちを吸収して肥大化した都市であった。いわゆる地つきとか根生《ねお》いとかいわれる人口は、半分に満たなかった。つまり、下町の定住率は高かったが、山の手はさほどでもなく、幕藩体制下での諸藩の江戸屋敷においては、その住人や奉公人はたえず地方と往き来していたのである。むろん、本籍を地方においたままの人が多く、それゆえに、幕末には一〇〇万人を超えていた人口が、明治初年には四〇万人にまで減少したのである。そして、それ以後、東京の市街地は、ほとんど拡大しなかった。山の手の武家屋敷を細分すれば、その必要がなかったのである。東京の都市機能が郊外に拡大してゆくのは、大正一二年の大震災のあとのことである。

それに対して大阪では、江戸期と明治期の人口の変動は、ほとんどなかった。約五〇万人。ということは、明治期は大阪のほうが定住人口を多く抱えていたのである。しかも、至近の距離に人口約三〇万の京都があり、約二〇万の神戸があるのだ。

したがって、大阪を中心とした関西の都市地盤は強固なものがあった。とくに、経済と文化の地盤は強固なものがあった。政治のみならず、経済、文化のすべてにおいて東京への集中が急速に進行するのは、第二次大戦以後のこととしなくてはならない。

以上のように歴史をふりかえってみると、大阪に私鉄が主流の電鉄産業が発達するのは、当然といえば当然のことであった。まず、大阪と京都、あるいは大阪と神戸をつなぐかたちで阪神電鉄や京阪電鉄の経営が軌道にのった。もちろん、その出資者は、大阪や京都のブルジョワジーであった。いわゆる大阪商人、堺商人といわれた人たちだけでなく、摂津や河内の農村部にも資本力を貯えた農商人的な人たちが多くいたのである。それは、関西の歴史的な土壌というもので、比べるまでもなく関東を圧倒するものであった。

大阪—奈良間の場合にも、電鉄建設熱の高まりのなかで、篤志家三派からの同時申請にはじまる。

それを大阪府と奈良県が調停して一本化されるのであるが、明治四〇年、内務大臣原敬の名で出された特許状に記された発起人は一〇五人を数える。なかに、近鉄の現社長である金森茂一郎さんの祖父又一郎氏や、北浜の金融街で名をはせていた岩下清周氏らの名前もみられる。つまりは、地場にそれだけの出資力があったということなのである。

開業の免許はおりたが、大阪－奈良間の建設工事は、生駒《いこま》トンネルを貫通しなくてはならず、難儀なものであった。全長三三八八メートル、広軌複線では当時わが国で最大のトンネルであった。現在でいうと、新幹線の新丹那トンネルの建設に匹敵するほどの大工事であっただろう。

落盤事故で一九名もの犠牲者がでた。

それがため工事費も当初予算より膨張、開業も計画より遅れた。そのことについて、当時の役員や工事担当者たちの労苦は、それだけで一話をなすほどであった。しかし、いまそこに筆をそらすことができない。話を本題に戻そう。

大軌は、大阪と奈良を結んで営業を開始した。

ちょうど、第一次世界大戦が勃発した時期（大正三年）と重なる。戦争は、四年間に及んだ。そこでは、日本は戦勝国の側にあった。軍需景気というほどのものでもないが、そうしたとき経済界は一時活況を呈するものである。当然、それは電鉄産業にも及ぶ。大軌も、順調に社業を興隆することになった。

たとえば、大正一〇年に畝傍《うねび》線（現在、橿原《かしはら》線）を西大寺－郡山間に開設（橿原神宮前までの延長は、大正一二年）。同年、天理軽便鉄道を買収、軌間拡幅と電化によって上本町―天理間の直通運転がなる。昭和二年、足代（現在の布施）―八木間に八木線（現在、大阪線の一部）が全通。それにより、大軌は、河内と大和を大三角形に結んだ鉄道網を完成させたのである。

そして、大正一五年には、上本町駅の移転にともないターミナルビルを新築。間口は約一〇〇メートル地上七階、地下一階、私鉄で最大の駅ビルであった。

佐伯勇が入社したころの大軌は、すでにそうした状況にあったのである。一般的にみると、おんぼろ会社というのはふさわしくない。むしろ、のちに佐伯が経営者として手腕をふるう、その基盤は整っていた、というべきなのであろう。

佐伯が「ちっぽけなおんぼろ会社」といったのは、あくまでも彼流の比喩にすぎないのだ。

お参り電車

ちょうど佐伯勇が大軌（大阪電気軌道）に入社した年（昭和二年）、伊勢への路線敷設の免許が下り、参宮線が実現することになった。

これも、各社が競願するかたちになったが、すでに大軌の傘下にあった大和鉄道の申請路線（名張―宇治山田間）が免許を得たのである。そのとき、大軌は、桜井―名張間の路線敷設の免許を得ていた。そこで、大軌は、この二つの免許路線をつないで新たに姉妹会社、参宮急行電鉄（参急）

を創立することになったのである。

その沿線は山岳地帯で、起伏に富んだ地形である。生駒トンネルより長い青山トンネル（三四三二メートル）をはじめ大小一六ものトンネルを掘り、一三〇もの橋梁を架けねばならなかったのである。先に登場ねがった芝谷常吉さんも、入社早々であったが橋梁の設計にかりだされて多忙であった、という。


「三十女かトンネル工事、突けば突くほど水がでる、なんていっていましたよ。

そうはいっても、まだ資本力も技術力も不足していましたから、あのころの人の馬力はたいしたもんやったなあ。あの頑張りがあったから、のちに〝土木技術の近鉄〟といわれるようになったんやね。佐伯さんが社長になってからも難工事がようけでてきたが、そや、伊勢湾台風のあとの復旧工事なんかやなあ、それがスムーズにできたのも、そのころの蓄積があったからなんやろね」


その参急の開設によって、大阪から伊勢へ直通、日帰りも可能になったのである。

大阪―宇治山田間の全通は、昭和六年（一九三一）のことであった。そのポスターのコピーがおもしろい。

「優秀ローマンス・カー連結運転。煙草ものめ、便所もあります」とある。じつによく世情を表わしているではないか。同時に、『参宮の栞《しおり》』、『おいせまいりあんない』、『お伊勢まいり・大和めぐり』などの小冊子も、大軌・参急が版元で発行されている。表紙の文字が右から左へと並ぶ、懐かしいスタイルのものである。

そのころのポスターやリーフレットなどを見ると、しばしば江戸時代の道中姿が描かれている。それをもって、電車での伊勢参宮を誘っているのである。

ところで、江戸期の伊勢参りの大衆化と参宮急行電鉄の開設は、決して無縁ではないように思える。いや、ひとつ伊勢と参急の関係のみならず、日本の電鉄産業のはしりは、都市と行楽地をつなぐかたちで発達した、といえるのではないか。その行楽地の多くが、寺社に関係して一般に認知されているのである。

もちろん、これまでも述べてきたように、電鉄産業は都市機能の拡大につれて発達したのであり、おもに郊外住人の都市の中心部への通勤・通学の足となってきた。とくに、私鉄の現状からみると、そういいきってもよいほどである。ところが、たとえば通勤・通学定期券数が一般乗車券数を上回るのは、近鉄の場合だと昭和一九年のことで、古くさかのぼればさかのぼるだけ一般乗車券数の割合が大きいのである。私鉄の開設当初の目的は、郊外電車というべきものではあっても、都市と住宅地を結ぶものというよりも、むしろ都市と行楽地を結ぶものであった。少なくとも、電鉄産業の発足と発達に関して、そのことを無視することはできないであろう。

たとえば、大師電気鉄道、江ノ島電気鉄道、嵐山電車軌道、それにここに紹介した参宮急行電鉄などは、その名称だけからしてもそのことをうかがわせるのである。

とくに、大軌・参宮の沿線には名山名刹が多かった。大阪から往くと、瓢簞山《ひょうたんやま》稲荷、石切神社、生駒聖天《しょうてん》、それに奈良の諸社諸寺（大軌）。また、長谷寺、室生《むろう》寺、伊勢神宮など（参宮）。それだけでなく、合併路線に生駒鋼索鉄道（鳥居前―宝山寺間）、佐伯勇の大軌入社時にはまだ独立路線であった信貴《しぎ》生駒《いこま》電鉄（王寺―信貴山下―生駒間）、吉野鉄道（吉野口―橿原神宮―畝傍間）などもあった。

　事実、これらは、俗に「お参り電車」といわれていたものである。そのかぎりにおいて、これら私鉄の創設は、行楽の足に重きがあった、とみるべきなのである。すると、大軌が「お天気電車」といわれたのとも符合する。それは、悪天候で電車の運行が予定どおりにゆかないという意味ではなく、悪天候だと行楽客の出足が鈍って営業成績が下がったからなのだ。

「お互い、もちつもたれつですな。いまは、お参り電車やのうて通勤電車ですんで、沿線のお宮さんお寺さんへのつきあいは、はようゆうたら寄付ですが、そら、年間まとめたらたいへんな額ですわ。これから先のことはわかりませんが、いままでのところは、きちんとまめにつきあってきてますんや。

　佐伯も、金銭については合理主義でしたが、そのことだけには口をはさみませんでした。お参り電車で稼がせてもろうた、その大軌時代に恩義を感じてたんでしょうな。あの生駒トンネルを掘るとき、資金が底をついて困りはてたとき、聖天さん（宝山寺）から金借りてしのいだ、といいますからな……」

現在の近鉄取締役で秘書室長の山口昌紀さんも、そう証言するのである。社寺と電鉄会社は、共存共栄の関係にある。が、そのなりたちからすれば、電鉄会社のほうが頭があがらない立場にある。

というか、私ども日本人にとっての社寺は、まことに不思議な存在なのである。広義には、神道も仏教も宗教には相違ない。が、たとえば西欧社会におけるキリスト教や中東社会におけるイスラム教とは、大きく異なるところがある。キリスト教やイスラム教は、一神教であり、戒律が厳しい。教徒は、他宗教に対して排他的、攻撃的にならざるをえないところがあり、それがために宗教戦争にまで発展した事実もある。それに比べると、日本人の宗教観は、曖昧にして融通無碍《ゆうづうむげ》なるところがある。神道は多神教であり、仏教も戒律のゆるやかな大乗仏教しか広まらなかった。教義や戒律はあっても、生活を規制するほどのものでもなく、他宗教を否定するものでもない。そこに、神仏混淆《こんこう》(神仏習合)という、世界でも稀なる信仰の形態を生みだしているのである。

何よりも、私たちにとっては、祖霊が大事なのである。神仏は、その延長上にある。したがって、「神さん仏さんご先祖さん」と三位一体のごとく表現するのであって、その観念こそが、いうなれば日本教というものになりはすまいか。

考えてみると、神仏をさんづけで呼ぶこと自体が、日本人の宗教観の特異さを表わしているのである。それほど身近にありながら、「困ったときの神だのみ」というように日常生活への密着度は薄い。それが、ときどきの寺社詣を盛んにした、ということがいえよう。神仏に対して毎日はさほど敬虔でなくても、「月に一度の氏神参り、年に一度がお多賀さま、一生一度の伊勢参り」ということで埋めあわせるのである。

そうした寺社詣とは、物見遊山の旅でもあった。それは、江戸時代に大衆化している。話がまた脇にそれることになる。しかし、この問題は、あとで触れることになるだろう佐伯勇の「観光産業論」とも関係するので、しばらくおつきあいをいただきたい。

参詣の旅の歴史

いわゆる民衆における寺社詣は、江戸中期において隆盛をみた。そのころ、元禄期とか文化・文政期に代表されるように、世情の安定を反映して芝居や浮世草子などの民衆文化(狭義には町人文化ともいう)が勃興した。そのことは、よく知られるところであるが、旅の発達もそうした民衆文化のひとつとして位置づけられるべきである。

巷間、江戸時代は幕藩の法が厳しく、とくに民衆は虐げられ、生活は困窮を極めた、とよくいわれる。それは一面の真理ではある。年貢も重かったし、離村に対する取締りも厳しかった。とくに、幕藩体制の下では、農民と女性の旅は厳しく禁じられていた。農民は土地を守り、女性は家を守るのが本分とされたのである。

ところが、実際は庶民も盛んに旅に出た。それは現存する数多くの「名所記」や「道中記」がよく物語っている。それればかりではない。今日の旅行ガイドブックに相当する「道中案内」や「旅程表」なども出版されているのである。
『東海道名所記』（万治二年＝一六五九ごろ）では、次のようにいう。

いとおしき子には旅をさせよといふ事あり。万事思ひしるものは、旅にまさる事なし。

江戸の中期といえば、天下泰平の時代である。幕藩体制のたがも緩んできた。そこで、時候がよければ人びとの気分が浮かれるのも当然のことであろう。とくに、「旅に出たい」という欲求は人類がもつ本能ともいうべきもので、社会が安定した状態にあれば、かぎりなく旺盛に発揮されるものなのである。
しかも、参勤交代の制度によって、街道や宿場がよく整備されており、それまでよりも数段安全に旅ができるようになっていた。ただ、庶民が旅に出るには、お上《かみ》に対してしかるべき理由が必要であった。そこで、寺社詣が方便となってくるのである。
江戸中期に田中丘隅《きゅうぐ》によって書かれた『民間省要』は、体制側に立ったいわゆるタテマエ論に終始した書物であるが、旅については次のような但し書がついている。

士は君命に随つて旅行し、農商工はそれぞれ家職の為、或は菩提に信を行じて国々を順礼修業する有り。

順礼とは、巡礼である。つまり、諸国の寺社を訪れ「天下泰平、五穀豊穣」を祈念するという信仰行為については、お上も黙認せざるをえなかったのである。というのは、とかくとやかくいわれる幕藩体制ではあるが、その実は名主（庄屋）なり氏神社や檀那寺なりをおいての間接統治が定着しており、端的にいうと、年貢納入さえ怠っていなければ、下々の者は、武士の顔色をうかがう必然もなかったのである。手形も氏神社（神主）や檀那寺（僧侶）が裏書きする往来手形だけで道中ができた。とはいえ、一村こぞって、あるいは一家こぞって旅に出ることは許されなかった。また、庶民の財布もそこまで豊かではなかった。そこで、輪番制や相互扶助からなる講や代参が発達したのである。

ちなみに、講とは、各村、あるいは数村からひとつの目的（この場合は寺社詣）をもって集まった人びとの集団である。そして、その講員が旅費を分担して積みたて、それを代参者が利用する。代参者は輪番制で代わってゆくので、何年か何十年に一度はかならず自分も行ける、という方式である。まことに、実利的な民衆の知恵であった、というべきであろう。

かくして、民衆のあいだで寺社詣が盛んになっていくのであるが、なかでも「一生に一度の伊勢参り」とか「おかげ参り」とかいわれるような伊勢参宮が、とくに爆発的な人気をよんだのである。国の祖神《おやがみ》とされる伊勢神宮に詣でるという名分は、いかにも有効であったのだ。このころ、正規な届を出さずに行く若者の「抜け参宮」が、農村社会における通過儀礼になったりもしている。たとえば、たしかなところでは、享保三年（一七一八）四月に、伊勢山田奉行が参宮者数を幕府に報告した例がある。それによると、この年の正月から四月一五日までのあいだに、四二万七五〇〇人となっている。江戸時代の伊勢参宮は農民を主体としており、その旅は農閑期にあたる正月から春先にかけて集中していたことを考慮するなら、少なくみても、約五〇万から六〇万人が伊勢参宮を行なっていたと推計できる。さらに、抜け参宮の流行を考えれば、この数よりも相当多くの人が伊勢に歩を向けたとも推測できるのである。そして、当時の日本の人口を大ざっぱな推計で二〇〇〇万人前後とすると、およそ三〇人に一人が伊勢に歩を進めたということになるわけだ。

しかし、いうまでもなく、当時の伊勢への道は遠かった。江戸からだと十数日、往復で一カ月。それに、ほとんどは京都・大坂（阪）へも足をのばしたので、一〇日増の約四〇日。むろん畿内各地からの旅人は、その半分ほどの日数しか費やしていないが、道中記をみると、江戸から六〇日も費やして参宮行をなした例もあるので、四〇日前後の旅を平均値としてよいだろう。すると、年間六〇万人として、延べ二四〇〇万人日の行旅となる。

ちなみに、現在の海外旅行者（観光旅行者）は約九〇〇万人、平均旅行日数が七泊八日（『観光白書』平成三年度版）であるから、延べ七二〇〇万人日の行旅となる。ところが、現在の人口は、江戸期の約七倍であるから、実質的な比較数値は、その七分の一ほど（約一〇〇〇万人日）にみなくてはなるまい。

もちろん、これだけの推定数値をもって古今の比較をすることにさほどの意味はないが、江戸中期における伊勢参宮の盛況を見当づけることはできるだろう。少なくとも、現在の海外旅行ブームに勝るとも劣らない状況であったことは間違いない。

「神さん仏さん」は、庶民が物見遊山の旅に出るのには、格好の方便となったのである――その習性は、ムラ社会の拘束が薄らいだ今日でも、たとえば会社社会のなかにも受けつがれている、とみるべきであろう。ただゴルフに興じ温泉につかり宴会で騒ぐだけの旅行でも、視察旅行とか研修旅行とかの名分をつけるがごとしである。それを、団体で行なうとなると、なお大義名分がたち、個人の責任に及ばない、とするのである。

現在の旅行会社の募集方法をみても、史跡めぐりを名分にしたり、団体の安全性を売りものにしている傾向が、なお色濃くうかがえよう。

その旅行会社の発達は、おもには第二次大戦後のことである。それ以前の明治・大正期は、国鉄や私鉄が旅行業をも包括していた。現在もその部分が残ってはいるが、かつてはいま以上に旅行の誘致に熱心であったのだ。たとえば、当時の路線図は、山や海、それに神社仏閣が細かく描かれたもので、色刷りになってはいるが、江戸時代の「名所図会」の流れをくむものなのである。

――そうした時代に、そうした電鉄産業のなかに、佐伯勇は身を投じることになったのである。つまり、奈良路や伊勢路の神社仏閣に参る善男善女たちを主客とした大軌で、濃紺の詰襟の制服を着て、まずは上本町駅の改札に立ったのである。

饒舌な新入社員

昭和11年　六甲山社員旅行（前列右）

青年社員の気概

「社風は、そこへ住んでいる従業員によってひじょうに違ってくる。まあ、これは私の会社のことになりますが、沿線が大和、河内という比較的いなかですから、いなかの人を集めてやっとるから、素朴、質実剛健というところは、ひとつのええとこでもありますけれども、またどちらかというと気がきかんちゅう点は、あんまりええとこでもない。

もうひとつ違うのは、その会社のたとえば歴史的環境。昔から裕福で、生まれながらにしてぱっと金持ちに生まれた人と、貧乏で一生懸命稼いでやってきた人、これはおのずから人柄が違うと同じように、やっぱり会社でも小さい会社から艱難辛苦《かんなんしんく》をなめて大きくなったところと、まあ、はじめからそんなに大きい会社ではないにしても、比較的恵まれた地位でさっといったところとは、社員の気分も違います。

私の社の社是は、大和《だいわ》協力であります。そんなことは、私の社にかぎらずどこにでもあることですが、仲よう、みんなが協力していくということをまず根本にしております。事業の性質上、鉄道事業のようなものは、助役も運転士も、あるいは運輸部長も、ちっともその仕事上の責任にかわりがない。ひとりの踏切の保安掛がちょっと旗を振りそこない、あるいは車掌がちょっと誤認しただけで大きな事故になる。そこで、どうしてもわれわれのような事業は、みんなの連帯の責任において仕事をしていく。そこではじめて仕事が円滑にいくんですからして、仲よく協力していくということが根本であります。これを外しては、鉄道事業は成り立たん。

私は、秘書課長とか、あるいは総務部長の仕事もしてましたが、よく会社を釣鐘にたとえてきた。会社というものは、ひとつの釣鐘みたいなものでなければいかん。釣鐘は、どこを叩いても音色がひとつである。社長に会うても、駅長に会うても、購買の主任に会うても、すべて答えがひとつであるということがモットーである。まだ社長にならんときから、私はそういうようにして、会社というものは一本でなけりゃならん、ということを常に念頭に考え、やっておりました」

右は昭和三八年（一九六三）五月二一日、大阪商工会議所主催による「経営者セミナー」での佐伯勇の講演録の一部である。前章の冒頭ではテレビ愛媛での語りを抜粋、引用した。それが、もっとも無邪気に心情を吐露していたからである。しかし、そこでも、戦前（昭和二〇年以前）のできごとにはほとんど話題が及ばなかった。いや、ひとつテレビ愛媛での例だけではない。数多く残されている講演録やインタビュー記事のいずれにも、共通して戦前の来し方、つまり平社員時代の過ごし方についての語りが欠落しているのである。大軌（大阪電気軌道）に入社した話から、第二次大戦のあとの混乱期、経済の成長期のなかでの自身と近鉄（近畿日本鉄道）のほとんど同一化した歩みに話題が飛んでしまうのである。

それは、もっともなことともいえる。必ずしも、彼が隠しだてをしているわけではない。話を聞く大方は、近鉄の怪物社長としての佐伯勇、あるいは大商の名物会頭としての佐伯勇の談話に期待しているのである。そして、公人としての体面を重んじる佐伯は、優れた話術で聞き手を飽かすことはなかったものの、自ら信じるところの経営論、経営者論を愚直なまでにくりかえして述べているのである。

したがって、わずかに戦前に話題が及んでいる右のような一例も、これ以上に彼自身の体験談や感情論にはけっして転じることはないのである。しかし、さいわいなことに、戦前の大軌社員時代の佐伯については、傍証者が比較的簡単にたどれる。前章でおなじみの芝谷常吉さんもむろんそのひとりであるが、ほかにも、佐伯より少し遅れて大軌に入社した泉市郎さん（元、近鉄副社長）や久保常明さん（元、近畿日本ツーリスト社長）ら、佐伯の身近で共に青年時代を過ごした人たちが健在なのである。

そして、当然のことではあるが、そのころの佐伯は、そうした同輩たちとごくごくあたりまえにつきあってきているのである。つまり、同じ釜の飯を食い、素顔をみせあっているのだ。佐伯が、そういう人たちとも飲食を隔て、隙をみせなくなったのは戦後、社長に昇進してからのことであった。社長になってからの佐伯さんは別人だ、とは芝谷さんたちが口をそろえての証言である。

それも、佐伯からすると、また当然のけじめであり、ある種の保身の術というものでもあっただろう。が、それはまた別の話題として、ここでは青年社員佐伯勇の姿を追ってみよう。

泉市郎さんは、昭和三年（一九二八）に大軌に入社した。佐伯が入社してから約一年後のことであった。

「そのころ、入社が一年遅いと幕内と幕下ぐらいの違いがありましたね。なかでも佐伯さんは、特別目立って存在感がありました。

佐伯さんは、運輸課にいて貨物係長だった。というても、部下の係員はたったひとりですわ。それが、えらく威勢がいいんです。この人は何でこう元気なんか、と不思議に思うて眺めてました。まるで、社長のようなことをいいますんや。たとえば、昭和五年やったか六年やったか、事務関係の社員の慰安旅行があった。関西線の汽車に乗って笠置《かさぎ》（京都府）まで行き、あそこの温泉旅館に一泊して宴会をしました。その車中、ずっとひとりで喋りっぱなしなんです。

軍記物《ぐんきもの》をよう読んでた人で、秀吉や家康の戦略について話してくれますんや。秀吉が柴田勝家と戦った賤ケ岳《しずがたけ》の合戦では、秀吉の手順がきわだって見事やった――大垣から近江木之本まで二万の軍を率いてたった五時間で移動した、その電撃作戦の周到な手順についての、まあおなじみの伝説ですが、あの人にかかると、講談とも義太夫ともつかないあの佐伯節で、それでも妙に説得力を持って聞かせるんです。そうです、話術は昔からたいしたもんでした。

そのあと、きまって、会社の経営かて同じや、とやるんです。戦況をみきわめ、最善の手順をととのえて事に臨まなあかん、とぶちあげるんです。そうですな、あの人は、そのころから将来は社長になるつもりだったんでしょうな。

もちろん、もちろん、そこには古株の社員もたくさん同席しているわけです。そんなこと、佐伯さんはお構いなしや。そら、威勢のよい人やった。

誰もがまねのできんことでした。そのころ、大軌はようやく大卒をとりはじめたころで、大正一五年が芝谷さん、昭和二年が佐伯さん、それから昭和三年が私らでしたが、会社のなかはまだ古い体質のままで、大卒はいびられた時代でした。それが、あれだけ威勢がよいと、あの人にだけはいびりも通じんほどでしたよ。

そうですな、おもしろい奴と思うて聞いていた人が多くみて半分、生意気な奴と思うて聞いていた人が少なくみて半分だったでしょう。それでも、佐伯さんが話すことは、正論でしたからな。そら、本人は正論と信じて疑わないところを堂々と話すわけで、そのところは認めてあげなあかん。虎の威を借りて話すことはしなかったし、帝大出の学歴をひけらかすこともしなかった。それは、立派でした。

それと、もうひとつ不思議なことは、佐伯さんは、女にようもてましたなあ。そうやって汽車のなかでも、そうおもしろうもない話をぶっていたときも、女子社員には不満顔の者《もん》はおらなんだ。まあ、そのころは女子社員は少なかったし、佐伯さんも彼女らの顔色をうかがったりはせなんだが、女子社員は皆、佐伯さんには好意的だったように思います。

そら、まあ、しかたないことかもしれん。あの人は、私らと違うて、いい男でしたからなあ……」

二度目の会見のとき、泉さんは、二枚の写真を持参してくれた。

黄ばんだモノクロ写真である。その慰安旅行とほぼ同時期の写真である、という。一枚は、奈良での研修のときのもので、浴衣姿の男性社員が芝生の庭に整列しての記念写真である。むろん、佐伯の精悍な顔もそこにある。もう一枚は、六甲山に社員旅行したときのもので、男女五人が岩場で休憩しているスナップ写真である。これが、おもしろい。佐伯が横向きに岩の上に座っているのであるが、そのスタイルが他の社員とはまるで違っているのである。

鍔つきのカンカン帽。背広に白い開襟シャツ、その襟を背広の襟に重ねている。それに半ズボン、靴下に革靴姿なのである。ハイカラ、というべきなのであろうか。

肌が、ぴちっと張っている。眼光は、きちっと斜め上方をとらえている。唇は、横一文字。ハイキングでの休憩時には、まったくふさわしくない表情である。これも、まわりの同僚たちのリラックスしたポーズと比べると、何とも奇怪だ。もし、カメラを意識してのことだとしても、場違いのきめ方なのである。

しかし、彼だけをとってみると、俳優のブロマイド写真のそれに近い。自意識の強さを瞬時に絵にまとめる、胆力のようなものが感じられる。てれがない。これは、生まれもった人間力のひとつ、としなくてはなるまい。

その写真でも、いかにも彼は、俺は将来の社長だ、と宣言しているようなのである。


「佐伯さんは、社長になってからあとの講演や挨拶では、格言めいた言葉をよくつかっていた。そうです、〃大和協力〃とか〃会社は釣鐘〃とか、〃日々に新たに〃とか。

それらは、社長になってからどこかでヒントを得てまとめた言葉もあるが、ほとんどは若いころの読書と私ら相手の演説が下地にあってまとまった言葉やと思います。どっかで聞かされた、何度か聞かされたという言葉が多かった。いま話した秀吉の賤ケ岳合戦の手順がヒントで、〃軽重緩急を知れ〃という訓辞ができた。これが、はじめだったように思います。

やっぱり、そうしてみると、若いころの読書は大事なことやねえ。佐伯さんの場合、軍記物や兵法書の読書があとになって身を助けた、たしかにそういえるでしょうなあ。あの人のことやから、あるとき、相当に読みあさったはずですよ」


私も、佐伯勇の生涯をたどるうえで、彼の蔵書が気になるところであった。書棚を見れば、だいたいその人となりをうかがい知ることができる——というのは、私にかぎらず、誰もが共有する観察法であろう。が、それも、あくまでも概観する程度の観察法にすぎない。

しかし、私が奈良の佐伯邸を訪ね、それを申し込んだときは、すでに遅かった。一部は処分し、一部はダンボール箱に詰めて佐伯の郷里愛媛県丹原町にできた佐伯記念育英会に発送したあとのまつりであった。

ただ、その大半は社長、会長になってからもらった関係者の贈呈本で、戦前の古書はほとんど残っていなかった、という。

昭和恐慌

そこで、もうひとり、久保常明さんにそのあたりの傍証者として登場してもらおう。久保さんは、東京帝大を昭和四年（一九二九）の卒業で、つまり佐伯の後輩になる。大軌入社が昭和一〇年、以後佐伯の側近を自認することになった。

「私の入社したころの佐伯さんは、たしかに社内一の読書家だった。

軍記物や兵法書は、そりゃあよく読んどられたが、ほんとうは武者小路実篤《むしゃのこうじさねあつ》の著書が愛読書だった。佐伯さんについては、豪放磊落の表面が強調されるし、たしかに本人もその性格がお気に入りでもあったが、ほんとうはシャイなロマンチストでもあった。とくに、若いころはそうだった。ただ、武者小路に心酔しておりながら、それを表面にはださん、佐伯さんにはそんなところがあったな。

武者小路実篤といえば、人道主義者、ヒューマニストでしょ。そりゃあ、佐伯さんの人生観には大きな影響を及ぼしていますよ。むろん、経営者としては、あえて冷徹になりきらにゃあならんところもあっただろうが、佐伯さんの体の芯のところにはヒューマニストの血が脈々と流れていた。私は、そう思いますねえ。

たとえば、あんた、こんなこと知ってますか。昭和の四、五年から昭和恐慌といわれた大不況がはじまった。私が大学を出て大軌に入るまで五年も間があいたのは、不況の真っ最中でもまともな就職ができる状態じゃあなかったからで、そりゃあひどいもんだった。そのとき、大軌でも大量の首切りがあった。いや、私はまだ就職できていないころだが、あとで、佐伯さんから何度もその話を聞いた。それで、私もつい自分が見てきたかのように、その情景がわかるんです。そんな錯覚って、あるでしょ。

そのとき佐伯さんが覚えた、生涯忘れることができないほどの憤慨が、つまり、佐伯さんのヒューマニストたるところなんだなあ。

あんたも調べましたか、そうか、昭和六年のことでしたか……」

不況による馘首《かくしゅ》――その時代性を、じつに要領よく表わした一文がある。「非常時大軌を凝視す」と題して、当時の技術部副部長の橋本久一氏が社内誌『大軌参急』創刊号（昭和八年一〇月）に寄せた小論文である。

昭和六年九月十八日に満洲事変突発して以来、未曾有《みぞう》の国家難局に当面《たちめん》せる我国には非常時日本の声到る処に姦《かまびす》しく、此の間に於《かん》て連盟脱退や五・一五事件の発生を始めとし、種々異常の出来事が踵《くびす》を接《せつ》して夫れから夫れへと現《あら》はれ来り、八千万国民の神経を刺激《しげき》して居ることは世人周知の通りである。而して我が大軌も亦財界不況の影響《えいけう》に因り、数年前から漸次成績降下の道程を辿《たど》り始め、一割二分の配当の継続困難となり、昭和五年下期には一割に、六年下期には八分にと、矢継早《やつぎばや》の減配を敢行《かんかう》せるのみならず、永年不知不識の間に膨脹《ぼうてう》し来つた経費の節約を計る必要上、六年四月と七年五月との両度に亘《わた》つて剰員整理の非常手段が講《こう》ぜられ、朝夕机を並《なら》べ手を執《と》つて社務を共にした同僚が忽《たちま》ち東西に分れ、一は失職に泣き、他は加重せる事務の負担に喘《あへ》ぐといふ光景を呈したことは、今も尚記憶《きおく》に新たなる所である。

佐伯が貨物係として所属していた運輸課でも、上司が次々と辞めていった。そのころ給仕として入社したばかりの鈴木義治さんは、それを目のあたりにした数少ない証言者のひとりである。

「私は、高等小学校を出て二年目の一六歳、まだ世の中のことも会社のこともよくわからんかったんですが、それでも、異常な雰囲気でしたよ。夕方、勤務が終って、ひとりずつ別室に呼ばれてゆくんですよ。そうです、年齢が上の人が……。

私ら、帰れませんよ。ええ、佐伯さんも。女子社員以外、皆、帰らんで待っているんですわ。すると、その人が陰うつな顔で戻ってきて、あしたから首やいうて、机の引出しのなかを片づけてショボショボと帰っていくんです。私らは、ただそれを見ているだけですわ。何や、スローモーションの無声映画を見てるようでしたわ。

佐伯さんは、貨物係やったけど、所属は運輸係でした。私は、そこの給仕。運輸係で、課長以下四人も首切りになったんです。

その帰り、佐伯さんと一緒に会社を出たんですが、佐伯さんが、惨《むご》いことやな、といいはりました。それで、こんなこと絶対したらあかんのや、と……。それからですわ、ことあるたんびに、首切りのない会社をつくらなあかん、といわれだしたんは」

また、佐伯自身もこのことについては、たとえば読売新聞大阪政経部編『ニッポンの経営者』(昭和五八年)のインタビューでも触れている。たしかに、このとき企業の使命のひとつを骨身にしみて感得したのであろう。

のちに、佐伯が近鉄の社訓、あるいは自らの経営者訓として述べる言葉に少なからず影響を及ぼしたできごとであったに相違ない。近鉄社長になってからの佐伯が、やっきになって子会社、系列会社をつくったのも失職者をださず重役を多くつくるため、と評価する人も多い。それは、少し好意的にすぎる見方ではあるが、しかし、彼の経営倫理の形成のうえでは、その深層においてこのできごとが無縁ではなかったのであろう。

そもそも、佐伯勇の思想の根底に「ウチ」意識というべきものがある。

大軌に入社したときに、会社をこの家《や》として、第二の故郷として、そこに骨を埋める決意をした——ということは、すでに前章で紹介した。そして、会社は首切りのないところでなくてはならない、大和協力して釣鐘のようなものでなくてはならない——という主義を、ここであらためて確認した。

そこに、明らかにウチ意識が潜在している。あるいは、お家主義というものがある。これは、ひとり佐伯だけでなく、われわれ日本人に広く共通する意識である。このなかに自分を委ねると、心地よい安心感がある。ということは、日本人の精神文化にほかならないのだ。

日本社会の「ウチ」意識

われわれ日本人社会では、「個」の確立がされにくい——ということは、これまで各方面でいわれてきたことである。とくに、欧米人からは、閉鎖的な集団意識が強い、といぶかしがられる傾向がある。

つまり、「ウチ」という独特の集団社会への意識が強固なのである。ウチとは、もちろん家から転じた言葉であるが、個人の家、あるいは家庭だけを指すものではない。ウチのムラ、ウチの学校、ウチの会社、という言葉が日常的につかわれており、私たちは、それを不思議とは思わないのである。が、それを外国語に翻訳することはむつかしい。もちろん、英語における we や our に直訳することは可能だが、そういうときの私たちの心地よい安心感までを表現することはとても不可能である。

われわれ日本人の地域社会、出身校や職場への帰属意識は、実際に強いものがある。たとえば、盆、正月には帰省が年中行事化しており、同窓会や職場旅行なども定例化している。

佐伯勇も、郷里を離れてもなお氏神神社や檀那寺への寄付は忘れなかったし、関西に根ざしたところで三高（旧制の第三高等学校）の同窓会への出席は他に優先するものであった。歴代の秘書は、公務のほかに、とくにそのことにも留意しなくてはならなかった、という。それは、われわれ日本人にとっては、当然のつとめとされてきたのである。逆にいうと、そうしたことへの義理欠きは、不徳とされるのだ。とくに、社会的な立場があがるにつれ、つまり出世するにつれ、義理がたくなるのが処世の術として尊ばれるのである。

もっとも、それを仁・義・礼・智・信を重んじる儒教的な精神とすれば、朝鮮半島や中国大陸にその元の共通点を求めることもできよう。くだんの佐伯の人生訓や経営律も、儒教的な原理にもとづいている、といえばそれまでのことである。さらに、それを拡大して、東南アジアの一部にも共通する東洋的な思考とすることもできよう。少なくとも、こうしたウチ意識は、たしかに代々の定住社会で育まれたものなのである。遊牧や移住を自由とする社会では、定期的な義理づとめは、望んだとしても無理である。その点、古くから水田稲作を生活基盤とする東アジアでは定住性が高く、そこに、家代々の観念やムラが中心のウチ意識を発達させた、ということがいえるのである。

それを、とくに日本においては、近世幕藩体制がより強固なものにした。たとえば、滅私奉公は、武士道の美学というものであった。つまり、お家大事が制度化されたのである。たとえば、何よりも家名と家風を重んじる。ということは、藩が家に相当するウチであり、藩主が家長に相当するオヤであり、家臣団が家族に相当するウチワなのである。

近世の幕藩体制のもとで、その道徳律や制度上では、家とムラと藩と、さらにのちには国もが一体化したわけである。ウチ意識の強さは、それになじまない者に対しては、ムラ八分やところ払い、あげくは攘夷思想をも生むことになった。短絡視することは戒めなくてはならないが、今日なお話題とされる日本人の非国際性も、じつはそのあたりまで深い根があるのだ。と、いわざるをえない。

さて、ウチ意識は、現代ではもっとも顕著に企業社会のなかに存続する、としてよいのではなかろうか。家庭は、多くが核家族化した。ムラも、あらためて村おこしを叫ばなくてはならないまでに崩壊しつつある。藩は、むろん絶えて久しい。

結果において、企業社会が日本の伝統的な精神文化を維持する受け皿となってきたのは事実である。たとえば、いわゆる日本的な礼儀作法は、かつてなら家庭や学校で、あるいは地域社会で、年長者から若年層への日常的な教育が施されたものである。それが、第二次大戦後は、ないがしろにされてきた。民主主義の拡大解釈がそうさせた、という反省をすべきかもしれない。それを、各企業が社員教育のなかで、かろうじてカバーしてきたのである。その意味で、企業社会は、家であり、ムラであり藩であるのだ。それも、会長か社長を頂点にした階層組織であるということでは、企業社会は幕藩の組織ときわめて近い。

もちろん、そうした企業社会に根ざしたウチ意識、お家主義の伝統は、功罪相なかばするところではあろう。日本の企業の発展のひとつの要因は、社員の家庭的な団結による高い生産性にある、とは近年、国際的にも見直されることでもある。が、その反面、貿易摩擦や外国人労働者問題のひとつの原因は、日本企業の意識面での閉鎖性である、ともいわれる。

以上は、一般論にすぎない。たとえば、売上げノルマ制からなる会社ではその風《ふう》は弱いだろう。例外は、いくつもある。そして、とくに最近の若い社員層は、会社に対する帰属意識が薄らいできている、という話題も方々で耳にしだした。終身雇用が絶対的でなく、転職も恥でなくなった。そうした変化を認めざるをえない時代がきたようでもある。

しかし、佐伯勇が生きた時代は、会社は「お家」であり、そこに終身をあずけることで滅私奉公する――それをなお善しとした時代だったのである。

遊びの時間

昭和の前期（戦前）といえば、佐伯が二〇、三〇歳代のことで、生気がおおいに旺盛なころであった。

当初、貨物係という、いうなれば地味な事務職にあって、仕事にはよく励んだ。たとえば、社内制度としての「貨物運送規則」の成文化は、彼がその必要を説いて手がけたものである。そうしたときの彼は、口角泡を飛ばして持論を主張した。口も八丁、手も八丁であった。誰彼となく、「八丁馬」とあだ名した。だが、彼は、まだ一介のサラリーマンにすぎなかった。

当然、よく遊びもしただろう、という想像がなりたつ。

義姉の佐伯房子さんは、独身時代の彼には小遣いをせびられっ放しだった、といっていたではないか。そして、同僚の泉市郎さんは、彼はよくもてた、といっていたではないか。

まず、その泉さんの言葉にもういちど耳を傾けよう。

「そのころの佐伯さんは、時どき私らにも、飯食いに行こか、と声をかけてくれたものです。社長になってからは、一切社員と私的なつきあいはしなくなりましたが、そのころは、まだお互いにぺーぺーやから……。

飯食いに行くというても、安サラリーマンやから、居酒屋とか一膳飯屋とかです。そこにお供して、おもに佐伯さんの演説を聞くわけです。よう喋る人や、というのは前に話したとおりですが、芸達者でもあった。あるとき、ちょっとましな小料理屋で宴会があって、大軌きっての芸達者な今村という先輩社員がいたんやが、佐伯さんはそれと交互に義太夫やら端唄やらうなりっ放しで、皆が驚いたことがあります。

あれも、昭和六、七年のこと。佐伯さんが学生時代に芝居に凝ってたのを知ったのは、そのあとのことやから、そら驚きました。私は、遊び下手のほうやから、口もたつ芸もたつ佐伯さんは、人種が違うように思えたもんです。

芸ができるということは、玄人の女にもてるということでしょう。もっとも、私らの若いころは、いまと違うて、素人の女を相手に遊ぶということはないから、色気をもとめて遊ぶのにはそういう商売のところに行かにゃならんわけです。

ただ、そのあたりになると、佐伯さんはどうも単独行動をしていたらしくて、ようわからん。私らは、誘われてもせいぜい小料理屋どまり。まあ、佐伯さんらしい、と思いますよ。開けっぴろげ、豪放にみえても、あるところから内には他人を入れない、そういう慎重なところが、そのころからあった。

それでも、まだ若いですからね、隠しきれんのですよ。本人がついもらすのか、まわりが気づくのか、噂はあれこれたちましたよ。

たとえば、そのころ会社では宿直制度があったが、佐伯さんが宿直のときはカフェーの女給さんが夜食の差し入れをしに来る、という噂だった。

また、生駒《いこま》の新地へも通ってたらしい。そうなんですわ、生駒トンネルを掘った土を脇の窪地に埋めた、そこに色街《いろまち》ができたんです。その新地には、料理屋があり芸妓《げいこ》がおり、比較的安く遊ばせてくれたらしい。佐伯さんも、芸達者やいうても若いし、そこではふつうの男としか見られなんだんでしょうな。なんぼ客商売の女やかて、まさか将来の近鉄社長とは値ぶみできませんわな。

何年かして、佐伯さんが専務になったとき、電車のなかでばったりその女に会うたそうです。芸妓さんだったか仲居さんだったか、そら知らんけど。その女がいうたそうや、〝サーさん、いまどこの駅づとめなの〟と。佐伯さん、もぞもぞ、もぐもぐして、ばつの悪そうな顔をして車両を移ったそうな……。それが、運が悪いことに、社員が何人も同じ電車に乗っていたんですわ。

これは、あっという間に噂がたちましたわ」

もしその彼女がほんとうに佐伯が駅づとめと信じて尋ねたのであれば、二人の出会いは、佐伯が大軌に入社早々のことであった、としなくてはならない。佐伯が現場に出ていたのは、見習い期間を含めてたった一年たらずのことであったのだ。ちょうど、義姉の房子さんに小遣いをせびっていたころと符合もするが、それ以上の詮索は、なお意味の薄いことではある。

泉さんも、それ以上に詳しくは知らない、という。

こうしたとき、私にとって頼りになるのは、芝谷常吉さんの存在である。

芝谷夫人が、芝谷さん以上に私に好意的であった。最近は、とみに芝谷さんの耳が遠くなり、ときどき介添えの必要もあって、夫人が同席するようになっている。

そのときも、ためらい気味の芝谷さんの口を開かせたのは、夫人であった。わたしは通訳ですから遠慮しないで何でもお話しなさい、と叱咤してくれたのである。

「そうやなあ、佐伯さんの色気話は、そりゃあ、あるわなあ。
儂《わし》は、佐伯さんと二人だけで旅行したことがある。昭和四、五年のことやったかな。そのころ、国鉄から一五日間有効の優待切符が二枚、割当てで大軌にもきていた。それを順番で使うことになり、佐伯さんと私が選ばれたわけや。一〇日間休暇をもらって、九州へ行くことになった。

博多から長崎、熊本へ回り、ここまで来たんやから阿蘇山に登ろうということになって……。そうや、まったく自由に行きあたりばったりの弥次喜多を楽しんでたわけや。そしたら、金が残りわずかや。お互いに一〇円だか一五円だかずつもってきてたはずやけど、予定より早うなくなってしもうた。何につこうたかて、そら若いころやから、見栄はって旅館の女中さんにはチップをはずむわ、街に飲みに出ては女にたぶらかされるわ……で。

それで、別府に出て亀ノ井に泊ることにした。亀ノ井は、当時でも名の知れた一流旅館やし、そこ宛に電報為替を送ってもらう手配をしようとしたんや。佐伯さんの三高時代の同級生の大月という人が岡山の運輸省鉄道事務所長をしてて、帰りはそこを訪ねることにもしてたんで、その大月さんに金を借りることにした。佐伯さんが、まかしとけというて、大分駅の駅長室に胸を張って入っていった。それで、鉄道電話を借りて岡山の大月さんに連絡とって、亀ノ井に金を送ってもらうことにしたんや。そのうえ、別府の駅長に亀ノ井へ紹介を頼んだんやから、いま思うと、たいした度胸やったなあ。

当時の亀ノ井は、一泊が五円。儂の給料が一二〇円、佐伯さんのが八五円の時代やからな。さすがにサービスもゆきどといてて、儂らが風呂に入った間に、女中さんがちゃんとズボンにアイロンをかけてくれてますんや。そのときな、風呂からあがってみると、きちんとズボンがたたんであって、佐伯さんのズボンの上にはハンカチとその他の珍重品が置いてある。ポケットのなかに入ってたのを、女中さんがご丁寧に出して揃えてたんやな。

佐伯さん、儂の方を見て、てれくさそうにニヤリや。儂も見て見んふりをしたが、それ以上いいわけをせんのがあの人らしいわなあ。それでも、あの人は用意周到やったんやなあ。それも性格やろな。

夕飯をとったあとで、散歩に出た。あら、不思議なもんやなあ、自然と女がいるほうへ足が向きますんや。亀ノ井の浴衣を着てるんやし、女も愛想よく寄ってきますがな。それで、別々に引っぱられて、じゃあなって別れたんや。

儂はな、佐伯さんほどの度胸はないわな。それに、なんぼ次の日に金が届くというても、所持金は底ついてきてるんやから、全部はたいてしまうわけにもいかんので、女にチップだけやってすぐに帰った。これ、ほんまやで。そしたら、佐伯さんもすぐに帰ってきて、何やおまえも帰っとったんか、というてニヤリや。

若かったんやなあ、あのころは……」

つけ馬がつかなかったのはご同慶のいたりでしたね、私が茶々をいれると、芝谷さんは真顔で、そこで引き返すんは臆病やのうて勇気というもんやで、と答えたものだった。

わがままな婿どの

「そのときの旅行で、とっておきの話がおますんや。

長崎に泊った晩、佐伯さんが、明日は佐世保へ行こうやないか、という。儂は、あんまり気が向かんもんやから、佐世保は軍港だけでおもしろうない、と反対した。佐伯さんは、いやそんなことはない、佐世保はいいところや、とえらい熱心や。そやけど、結局は儂に遠慮して、それ以上には強ういい張らなんだ。

あとで聞いたら、そのとき奥さんとの縁談が進んでたんやな。奥さんはお父さんの勤務先の佐世保に住んで、長崎の女学校に行ってはったんや。悪いことしたなあ、と思いましたよ、けど、あとのまつりやわな。

それから、奥さんの卒業をまって、一年ほどして結婚しはりましたなあ」


佐伯勇は、昭和六年（一九三一）、二八歳で長井千代子さんと結婚した。

長井家も、伊予の出身である。東予市壬生川《にゅう》、そこは、佐伯の生家がある周桑郡丹原町とも近い。

両家は、すでに懇意の関係にあった。佐伯のすぐ上の姉マスエが、長井家の本家に嫁いでいたのである。

縁談は、長井家のほうから佐伯の兄広策氏を通じてきた。

その前後の話は、やはり佐伯房子さんに頼るしかない。


「私どもは、大阪の小阪から芦屋（兵庫県）に移って住んでました。はい、勇さんも一緒でしたわ。例によって金遣いは荒いし、ちょくちょく外泊もするしで、主人もそろそろ何とかせなあかん、というてました。それに、弟の寛四郎さんも阪大の医学部に入って学費がかかりだしたし、家《うち》にも余裕がありませんわ。

そんなとき、長井さんからお話があったのです。じつは、養子にほしいというお話でした。勇さんは、養子なんかにはいかん、と頑張ったんですが、主人が、長井家は伊予の名門でもあるし財産家でもあるから、結婚したら一生小遣いにも困らんし……、と熱心にすすめたんです。

ただ、養子の件をきちんととりきめないで結婚したのは、まずいことでしたわ。あとあと、婿にもろうた、婿にいった覚えはない、と意見が違うことになって、かわいそうに、生まれた子どもが、ええ長男の幸男さんがしばらくのあいだ長井姓を名のることになったんです。そのことでは、縁談を熱心にすすめた主人にも責任があります。

私からみますと、あの佐伯の兄弟というのは、主人も勇さんも寛四郎さんも、みんなかんしゃくもちでした。頭は、そら回転がええんです。でも、自分だけで勝手に回転させておいて、他人《ひと》にはあいだをちゃんと説明せんと、これでええなっと、決めてしまう。ようわからんからもたもたしてたら、主人の場合だと、頭悪いやっちゃなあ、とかんしゃくを起こして怒りますんです。そやから、あの縁談も、主人と勇さんが別々の方向に頭を動かしておいて、これでええやろ、と簡単な会話ですましたからや、と私は思うてます」

房子さんの口調は、相かわらず淡々としたものである。表情も、大きくは崩れない。しかし、「勇さん」という名前を口にだすことへの緊張感は、すでに薄らいでいる。そして時おり、懐かしそうな声のはずみさえ感じられたのである。

私が、佐伯勇の周辺部で取材をはじめてからもう一年が過ぎようとしている——。

もうひとり、佐伯勇と千代子夫人の結婚についての内輪話ができそうな人がいた。千代子夫人の妹、杉野静子さんである。

また、年配の女性から内輪の話を聞くという厄介な作業をしなくてはならない。そう覚悟して、杉野さんの住む桑名（三重県）に向った。が、杉野さんを一目見て、その覚悟は無用、と思えた。

杉野さんは、庭続きの菜園にいた。地味な柄染めの割烹前掛けにモンペ姿、足に地下足袋、頭に手拭いの姉さまかぶり。私は、そこに郷里の母と同質のぬくもりを感じたのだった。それだけで、話がうまく聞けそうな気がした。

「長井の家では、佐伯さんに婿にきてもらったつもりでいました。それが、体はきてくれたが籍は移してくれん……。

おかしな人でした。わがままで、かんしゃくもちで、そのくせ臆病で。はじめのころは、何で野蛮な男だろう、とびっくりするやらあきれるやら……。

結婚してすぐに芦屋の家の二階に住みだしたんですが、たとえば、夏なんかパンツ一枚、私らの前でも平気でしょう。私らの父は、厳格な人で、家族の前でも裸は見せなかったですから。目のやり場に困りましたよ。

パンツ一枚で、柏手《かしわで》を打って拝んでいましたね。何の神様だか知りませんが……。それに私が見ているところで、姉を抱きよせてみたり接吻をしてみたり……。もちろん、ふざけ半分なんでしょうが、私にはショックでした。いまの若い人なら何でもないことなんでしょうが、そのころの私らには、考えられない野蛮なことでしたよ。

ええ、姉は、何もいいませんでした。結婚したからには夫にしたがう、という気分の人でしたんでがまんしていたんでしょうが、内心はこんなはずではなかった、と思っていたんじゃあないですか。ともかく、長井の家風にはどうも合わない人でした。

お金も、入れていなかった、と思いますよ。姉が、ときどきに母からお金をもらっていましたし、あとで久宝寺（東大阪市）に越していってからも、またときどきにお金をもらいに来ていましたから。

結婚してやったんだ、という気もちが強かったんでしょうねえ。とにかく、威張ってましたから……」

静子さんの言葉も、また遠慮がない。佐伯房子さん同様に、辛辣である。とくに、そのころまだ女学生であった静子さんには、佐伯勇という異性の登場は、いささか刺激が強すぎたのであろう。それが、いまあらためて言葉に表わすときに、また、もやもやといぶされだしたに相違ない。

愛憎が、相半ばするところがある。

いまなら離縁のケースですかね、と私が合の手をいれると、予測したとおりの答えが返ってくるのである。

「いや、そこまではゆきませんよ。姉は、とにかく古風でがまんづよい人でしたから……。それに、佐伯さんという人は、ときどきかわいい顔を見せるんです。子どもと同じ、というか子ども以上にかわいいところがあるんです。だから、それでつい許してしまうんです。あるとき、佐伯さん、扁桃腺をはらしましてね。めずらしく会社を休んで、近所のお医者さんに行ったんです。私の家が以前から懇意にしていた田村先生という個人医なんですがね。診察してもらったら切らないかんといわれて、泣きべそをかいたんです。ええ、あの恐いものなしの大の男が、メスを入れるんはちょっと待ってくれ、というて口を開けなんだらしい。それで、田村先生もお困りになって、他の人の診察を先にして、そのあいだに気分を落着かせようと葡萄酒を一口すすめられたんです。そうしたら、ああ困った、ああ困った、とため息をつきながら飲んで、とうとう一本空けたんですって。

そこへ、私が行ったんです。姉が、あんまり帰りが遅いからちょっと見てきてくれ、といったもんですから、田村医院をのぞいたんです。そうしたら、佐伯さん、半分酔って、もうようなったから手術はやめや、と歯をくいしばって汗かいて駄々こねていました。ええ、診察台に座ったままで。先生も、ほとほとお困りになって、こんな病人はじめてや、静《しい》ちゃん連れてお帰り、といわれました。

私は、恥かしかったんですが、やっぱりおかしいし笑ってしまいました。そうしたら、帰り道で、おいっ、このことは誰にもいうたらあかんぞ、っていうんです。もう、なんぼ威張ってもいけませんわ。それから、しばらくは私にやさしかったですね。

ええ、ほんとにこわがりなんです。そこのところは、図体の大きな子どもなんですね。そうですねえ、わがままもかんしゃくも、子どもっぽいとみてしまえば、腹もたたなかったかもしれませんねえ……」

女性たちの佐伯勇評は、なぜかそのあたりでは一致するのである。

そうしたときの佐伯の言動は、あくまでも陽性であった。素直に怒り、素直におびえたのである。そのことに、てらいがなかった。そこに、女性たちは、直観をもって好もしさをみたのであろう。

かんしゃくもち

昭和一一年（一九三六）、佐伯夫妻は、長男を連れて芦屋の長井家を出て、久宝寺の借家に住むことになった。

杉野静子さんによると、長井の父が自立をすすめたそうである。長井家からすると、婿どのの扱いに手を焼いた結果、とするのが正しいかもしれない。

久宝寺の借家は、小庭のついた一戸建てで、玉串川沿いに六軒ずつ背中あわせに並んでいた。当時としたら、郊外のハイカラ住宅地であった。

そこには、芝谷常吉さん一家が住んでいた。まったくの偶然であったが、佐伯勇の一家は芝谷家と背中あわせに住むことになったのである。

ここも、女性の観察眼にしたがおう。

芝谷夫人は、前にも紹介したとおりである。八〇歳を過ぎて、なお溌溂としていて美しい。

「私どもが佐伯さんとご一緒だったのは、二年間ぐらいだったかしら。そのあと、佐伯さんは芦屋のもとの家へ、私どもは天王寺へ越しましたから……。

そのころの暮らしむきは、まあ似たりよったりのもので、いまから考えるとつつましいものでした。でも、いくら大軌の給料でも、お手伝いさんをひとり置くことができましたからね。お金のためというより、食べさせてもらって行儀作法を身につける……、そんな目的で地方の農村から出てくる娘さんがたくさんいはった時代のことでもありましたから。ええ、佐伯さんの家でも私の家でも、お手伝いさんを置いていたんです。

でも、佐伯さんの奥さまは、おとなしい方で、ご近所とのおつきあいも積極的にはなさらないで、朝から晩まで家事と育児に追われてなさってたので、少しお楽《らく》になさったらいいのではないかなあ、と申しあげたんです。そしたら、奥さまが、とんでもない、とおっしゃるんです。そんなことしたら主人にしかられます、と真顔《まがお》でおっしゃるんですよ。そして、佐伯さんという人は、何でもかんでも奥さまがきちんと手をかけてあげないと気に入らない、ちょっとでも手をぬくと怒られる、とおっしゃるんです。それまでも、主人から佐伯さんのことを何やかや聞いてはいましたが、たいへんやなあ、とあらためて思いましたよ。

時代が時代ですからね、女はそれなりにがまんがききましたが、それでも、私なんかにはつとまらないでしょうねえ。あの奥さんは、そりゃあご主人第一に、よく仕えられましたねえ。

おもしろいお話があるんですよ。

佐伯さんのお宅では、佐伯さんのお帰りの時間には、奥さまがちゃんと玄関にお出迎えをなさらないといけないそうです。それが、ちょっとでも遅れたりすると、佐伯さんのご機嫌をそこねるといって、そりゃあ奥さま、気をつかわれていましたよ。

ある夜、佐伯さんがお帰りになり、たぶん外でお酒をめしあがってきたんでしょうねえ、奥さまが玄関にいらっしゃらないので怒って、土足のまま床にあがって、ドンドンと地団太踏んで大声をだされたんですって。それがお隣のお宅でしてねえ……。さすがに佐伯さんも、土場に置いてある自転車で間違いに気づかれて、逃げるように帰られたそうです。その話は、あっという間に広がりました。

このお話、いかにも佐伯さんらしいでしょ」

こうして聞きたしかめてみると、佐伯勇のかんしゃくもちには、もはや疑いをはさむ余地がないことになる。その意味では、自己中心型の人物である。が、病的な激昂型ではない。それは、身内や近親者に対してのみ顕著であるのだ。いうなれば、内弁慶型のかんしゃくもちなのであり、甘えのパフォーマンスなのである。それだけに、それを見ぬいた人には、子どもじみた行為ということにもなる。

佐伯が近鉄社長になってからの歴代の秘書たちのあいだでは、とくにそのかんしゃくへの対応が申し送り事項のひとつともなっていた。

佐伯の晩年、会長時代の秘書を一一年間つとめた山口昌紀さんが昭和四七年（一九七二）にその役を命じられたとき、当時の秘書室長の上山善紀さん（現在、会長）から伝えられたのは、「何しろ、よう怒りますからな」という一言であった、という。そして、それは、上山さんが秘書室に入ったとき、前任者の丹羽一衛さんからの申し送りの言葉だったのである。
そして、その受けとめ方と対応は、企業組織の一員としてそれぞれに複雑であった。
「機嫌が悪いと思うたときは、必ずひとりで会う。誰か同席していたほうが気強く思えるが、複数を相手だと怒りが相乗するし、いちばん側近の私が右代表でこっぴどくやられることになる。ひとりだと、一段落したところで、ちょっと急ぎの用事がありますから、とことわって出ていけばそれですむ」（上山善紀）
「丁寧な言葉で、安部さんと呼びかけられたらあぶない。次に大きな雷が落ちる。しかし、そのときは、大きな声でハイと返事して、気勢を示すしかない」（安部和寿＝現在、近畿日本ツーリスト副社長）
「どうしても応じきれないときがある。そのときは、私はここで失礼します、とはっきりいうて中座する。次の日に、昨日はすみませんでした、十分に反省しました、というたらいい」（山口昌紀）
ただ佐伯のかんしゃくは、あくまでも一過性のもので、けっして次の日までもちこすものではなかった。それが、彼らには救いであったのだ。
入社が佐伯より一年遅れで、佐伯の社長時代に長く副社長をつとめた前出の泉市郎さんが、ひとつ興味深いコメントを寄せてくれた。
「あの怒り方は、種田《おいた》さんにそっくりだ。一子相伝だといってよいでしょうな。
事実、佐伯さんは、種田社長の秘書をしてたんだし、種田さんにようしかられていたし、それだけに種田さんの薫陶をいちばん受けている。種田さんも、かんしゃくの強い人だった。佐伯さん以上にそうだったかもしれん。その種田さんに仕込まれた、そのとおりを佐伯さんがやっていたように思います」

種田虎雄――昭和一二年（一九三七）から二一年までの社長である。佐伯勇は、昭和一三年から三年間、その種田社長の秘書をつとめていたのである。

佐伯が三〇歳代前半のころであった。

そのころつかえる人がそれなりの人物であれば、たしかに、感受するところは大きい。そのことは、くどく語らなくても自明のことではあろうが、私も認めるところがたしかにある。

私は、日本を代表する民俗学者宮本常一に師事した。先生の最晩年の数年間は、秘書役のような立場にもあった。私が、やはり三〇歳代のときである。むろん、学問的な指導は受けたのであるが、どうもそのところでの衣鉢《いはつ》を受け継いだとはいいがたい。しかし、講演のしかたと原稿の文字が似たらしい。私にはとんとその意識がなかったが、何人もの人から、そっくりだといわれて、はじめは面くらい、のちには納得もしたものだった。妙なことがあるものだ。

さように師匠のクセは、弟子にも伝わるものなのである。

経営者の伝統

昭和17年　総務部長時代

鉄道の種田

「電車っちゅうのは、安全で迅速で快適でなければいかん。命をあずかっているわけやから、まず安全が第一。次に、速うなければならん。それで、社長になってすぐ、特急電車を考えた。うん、特急ちゅうのは、儂《わし》が最初に考えてやったことや。

でも、正直いって、当初はたいへんでした。特急は、あまり駅に停まらんでしょ。だから、沿線の人たちの反対にあった。埃《ほこり》だけだしてけしからん、と。うちあけるとね、社内でも反対が多かった。でも、儂は、そうではない、輸送というものはかくあるべきだ、と示した。日本人すべてにとはいわんけど、少なくともうちの会社はそうあらねばならん、と。これが輸送の本質や、座って快適に行くのが輸送、それを目標にやれ、といい通しました。

それから、快適、丁寧、さらに安いこと。これも大事や。儂は、快適ということにとくにこだわった。お客さんに愉快に乗ってもらわにゃいかん。便所もない電車をすし詰めにして走らすのが能やない。だから、二階建電車のようなのを考えたり、座席のゆったりした電車をこしらえる。

終戦後の昭和二二年に、儂は、日本ではじめて座席指定というものを考えたんです。あの混乱の最中ですから、電車・汽車の混雑はそれこそたいへんでした。大の男でも乗りにくいようなときに、少し高い料金を払って指定券を買ってもらえば女の方でも子どもでも誰でも座れる。これは、鉄道というものの本来のあり方を示したというだけでも、大いに意義があった、と思っとります。

こうした考え方は、儂が二〇年間つかえた種田社長《おいた》の薫陶があってのことでしょうな。〝鉄道事業は大勢の人びとのおかげで立っているのだから、われわれは人さまのためにお返ししなければならぬ〟、つまり、広く社会公衆へのサービスに徹せよ、ということだった。ほんま、耳がタコになるほど聞かされました。

とにかく、あくまでもお客さん第一と考えてやるべし。儂らの仕事の本質はそういうことでしょ。サービス事業は、民衆の生活とひじょうに密着している仕事ですから、民衆に利益のお返しをするのが当然です。こっちはお金をもらうけど、それをサービスというかたちでお返しする。そういう考え方は、いまもかわっていません」（前掲「えひめ　人　その風土」）

「鉄道のなんたるかを、種田さんから教わった」

後年、佐伯勇は、近しい人たちに何度となくそう語っている。

種田虎雄氏は、「鉄道の種田か、種田の鉄道か」と称揚された人であった。

明治一七年（一八八四）、東京生まれ。ということは、佐伯より一九歳年長である。開成中学から一高に進学。明治四二年、二五歳で東京帝国大学法科を卒業。前述したように、そのころ日本の鉄道事業は一大飛躍をしはじめ、種田氏の大学卒業前年には、鉄道院が独立官庁として発足した。種田氏は、その鉄道院に入庁したのである。中部鉄道管理局、静岡駅、長野駅、甲府運輸事務所などに勤務したのち、大正七年（一九一八）に三四歳の若さで運輸局旅客課長になった。

この旅客課長時代に、種田氏は後世にまで語り継がれる功績をあげているのである。

たとえば、一等車を削減し、三等車を増設して列車の大衆化をはかっている。とくに一等車の削減については、当時全盛の政友会内閣と正面対決することで相応の覚悟が必要であった、という（鶴見祐輔『種田虎雄傳』）。

それらの功績にみられる種田氏の倫理的な信条とは、「大衆の便利、社会の利益」にあった。

当時、不正乗車が社会問題となっており、定期乗車券の発行停止とか写真添付の義務づけとかの噂がとんでいた。それに対して、新旅客課長の種田虎雄は、次のように明快に答えているのである。

鉄道従業員は、一面官吏であると同時に、他面においては商人である。すなわち、旅客や荷主は鉄道にとってりっぱなお客様である。（中略）いやしくも不快を与えるような失礼があってはならぬ。旅客に対する鉄道従業員は、その官吏としての威厳をきずつけざる範囲において、ほとんど絶対的服従の覚悟を要するのである。（中略）大いなる弊害なきかぎり、定期券は現状のままにして多数乗客の便益をはかることに努めるのが至当でもあり、交通機関従業者の本務でもある。けれども、多数乗客の利益と便宜を妨害する少数の不正者に対しては、その他いっさいの場合において法規を犯し規定に反する者に対しては、容赦なく法規に照らして処分する。(『鉄道時報』大正七年一一月二日)

そこで、彼は、二一〇条からなる「旅客、荷物運送規則」と三八〇条からなる「旅客、荷物運送取扱細則」の明文化をはかるのである。

そのとき、彼は従業員が理解しやすいように平易なものにすること、乗客が多い場合を想定して取扱いを簡単にすることを基本方針とした。そうであったからこそ、その大綱は普遍性が高いと評価され、今日まで伝えられているのである。ちなみに、いま、私たちもＪＲで旅行する場合、この種田氏が中心になって策定された規則の恩恵にあずかっている、ということになるのだ。

以後、種田氏は、門司鉄道局長から本省の運輸局長へと昇進する。鉄道官僚としては、もっとも順当な歩みであった。

しかし、昭和二年(一九二七)、種田氏は、鉄道省を突然辞す。五月一七日の『東京日日新聞』は、そのニュースを「鉄道の種田か、種田の鉄道か――氏の勇退して、之より大動揺の兆」という見出しで報じている。

その理由は、必ずしも明らかではないが、『種田虎雄傳』では、政友会と憲政会の派閥抗争の犠牲になったとみるべきであろう、としている。

そして、種田氏は大阪電気軌道株式会社(大軌)の専務取締役に就任することになった。奇しくも、佐伯勇が入社した、同じ年のことであった。

大軌に入社した経緯については、種田氏自身が『金森又一郎翁傳』（昭和一四年）のなかで語っている。

私が金森社長に初めてお目にかゝつたのは昭和二年二月の頃で、鉄道省の運輸局長室であつたと記憶します。その時の用件は現在の参宮急行線の免許申請に関し出願の理由を陳《の》べて、私の意見を聴かれたのであります。（中略）
然るにこの会見が機縁となつて、その後間もなく私の最も尊敬する先輩を介して大軌入社の交渉を齎《もたら》されましたが、（中略）役所の方に私の退官不可能な事情の存する由を告げて、御厚意に副ひ難い旨を答へ、若し将来官界を辞するやうな場合に際会し、しかも大軌の方でお迎へ下さるやうなら、改めて御相談に応ずるといふ約束を致して置きました。（後略）

何と、その大軌入社の交渉の二カ月後に種田氏は鉄道省をやめているのである。いかに突然の、しかも他動的な辞任騒動であったかが行間からうかがえる。

しかし、その鉄道省人事のおかげで、また金森・種田間で口約束のあったおかげで、大軌は最良の人材種田虎雄を得るのである。「人の縁とは頗《すこぶ》る不思議なもの」とは、種田氏が右の引用文の続きで述べていることである。

金森氏と種田氏とのあいだには、出会ったそのときから、知己の関係とでもいうべきものが結ばれたようである。男同士のあいだには、たまにそういう関係が生じる。この間柄は、瞬時にして生じることもあれば、長年つきあってみても生じないこともある。

人の縁の妙を知り、知己の間柄をもつ者は、それだけで人生が幸せであったとしなくてはなるまい。

金森と種田、二代の社長

しかし、両者は、生いたちも性格も対極的といってよいほどの違いがあった。

種田氏は、江戸っ子気質を有しており、東京帝大を出て鉄道院に入り、局長までつとめた官界のエリートであった。

対して金森氏は、大阪生まれの大阪育ちである。子どものころからずばぬけて頭がよかったが、家庭の事情があって小学校しか行けなかった。その小学校も中途退学で、九歳から大阪府庁の給仕となる。そこでの働きぶりが、府庁のきけ者といわれた七里清介氏の目にとまり、七里氏にしたがって府庁を辞し、七里氏が創立した大阪運河株式会社に入るのである。そこで支配人として、事実上、この新しい事業を経営することになる。さらに、七里氏が大軌の設立に参画するにあたり、金森氏もその発起人に名を連ね、創立総会で取締役兼支配人となるのである。支配人とは、現在一般化している職位でいうと、筆頭副社長ということになろうか。ときに三七歳。いかにその経営能力が評価されたか、ということがわかる。

しかし、大軌の創立当初から運営の中心的立場にありながら、社長への道は長く閉ざされていた。いまふうにいうと、ノンキャリアの悲哀を味わったことになる。一七年間、三代の社長につかえたのち、五四歳にして四代目社長となるのである。それも、当時の会社の状況からすると無謀ともいわれた生駒トンネルの難工事で、さらに予想外の出費がかさみ、社長が相次いでその椅子を捨てたあとの、いうなれば火中の栗を拾う役を引いたのである。

社会的にも景気が停滞、やがて経済恐慌をきたす昭和初年のころである。

それだけに、金森氏は、胆力をもって耐える処世の術に長《た》けていた。それが、結果として、大軌の経営の難局を乗りこえるためにも必要であったのだ。

二人は、不思議とウマがあった。

それは、信義を重んじ清廉を通すところに二人の人生観が共通したからだ、と鶴見祐輔氏は『種田虎雄傳』で分析している。できすぎほめすぎの感がなくもないが、鶴見氏の見識からして、それは正しい分析に相違ない。氏は、その「前言」のなかで、誰からも干渉されず種田虎雄の人格発展を描写することに努める、と評伝論のようなものを述べている。これは、私も秘かに共通するところであり、したがって、私の鶴見氏への信頼は厚いのである。

事実、信義を重んじるというところでは、金森氏は、種田氏に委ねた名古屋への路線延長計画とそれにともなう交通網の整備（合併）については、種田氏をかばい続けたのである。種田氏は、東京生まれの官僚人あがりであり、それだけで大阪商人の批判や皮肉の対象となるところがあった。それを、金森氏がかばうことで、種田氏が実務派専務として存分に手腕をふるうことができたのである。

たとえば、金森・種田のコンビの仕事ぶりは、以下のようなものであった。

大事業を計画し、いざ実行にうつそうという段になると、たいていの人ならば、せっかちにその計画を人に説明して、すぐさま実現にうつろうとする。ところが種田虎雄は、取引先の銀行家を訪ねて、初めには、あっさりと会社の現状、事業などのあらましを説明して帰ってしまう。それからしばらくして、かなりの月日の間隔をおいてから、こんどはもすこしくわしく事業計画の内容を説明しに来る。それからまた日をおいて、事業の技術面、経営面についてのこまかい裏づけをした上で、最後に、これに必要な資金面の話を持ち出す。（前掲『種田虎雄傳』）

つまり、相手の気もちがほぐれるのを待って肝心な話をもちだす方法である。これをもって、関西商法といえるかもしれない。ビジネスライクとはいえないが、大阪の商人であれば、それは常道というものであろう。習慣というよりも、一種の美学といい表わすのがふさわしい。

大阪人・東京人

関東、関西の精神的土壌の対比については、これまでも各方面でいくつかの分析がなされている。あるいは、東京人と大阪人の気質の違いについても、巷間さまざまいわれてきた。私の書棚をみても、幸田成友『江戸と東京』、宮本又次『商人気質から見た上方と江戸』、梅棹忠夫『日本三都論―東京・大阪・京都』などがある。

これは、古くからの日本人のお気に入りのテーマのひとつでもある。

そして、通説もある程度固定している。曰く、東京は権威主義的であり、官僚主義的であり、対して大阪は実質主義的であり、商業的、合理主義的である。ちなみに、京都はマンネリズム、ひとなみ主義的である、という。東京、大阪をよく知る人ならば、おおむねそう感じているだろうし、東京人と大阪人の反目するところも、またその気質の違いからくるのだろう。

江戸っ子は、「宵越しの金をもたぬ」と見栄をはった。また、大阪商人は、「金はきたなく儲けてきれいにつかえ」（きたのう過ぎて清く食え）といった。東京人は、文字面を重んじ規律を尊んだが、大阪人は阿吽《あうん》の呼吸を測り信用を重んじた。と、きめつければ異論もでようが、それに反論する根拠も弱いはずである。

身近な例にたとえると、そばとうどんの食べ方にもそれが反映している。東京ではそばが好まれるが、つゆをちょっとだけつけて噛まないで、とか、音をたてて一箸一口で、とか格好をとやかくいう。しかし、大阪でのうどんは、うまくて安いものを好きなように食べればよろしいのである。それほどの違いがある。

もっとも、とくに第二次大戦後は、政治・経済・文化のすべての面において東京への集中が進行したので、現在は、東京的なものと大阪的なものの差異がさほど感じられなくなっていることも事実ではある。が、第二次大戦以前までは、まだ東京と大阪の違いが随所に伝わっていたはずである。東京人で官僚あがり、しかも、一面で直情径行の性格があり、人に頭を下げるのができない人だという人物評もあった種田氏が、これほどまでに関西の商法になじんだのは、短期間でよほどの意識改造があったとみなくてはなるまい。そこに、金森又一郎氏の作用があった、とみるのはきわめて妥当なことであろう。

種田氏も、分をわきまえて金森社長の立場をないがしろにする言動は一切とらなかった。昭和一二年（一九三七）に社長に就任したのは、金森氏の病死によるものであった。その寸前まで社長交代の噂話さえでることなく、突然の、しかし円滑な交代であった、という。

そのあたりのいきさつについては、芝谷常吉さんや泉市郎さんの証言もある。

清廉ということでは、金森氏も種田氏も財産を残さなかったところが、いまどきの感覚からすると信じられないほどである。とくに金森氏は、六五歳にして死亡するまで二七年間の長きにわたって大軌の経営者の立場にあり、その間会社は資本金三〇〇万円から九〇〇〇万円にしたてながら、まったく私財を貯えることをせず、死後に借金を残すほどであった。金森氏は、大軌の創立当初は、自らは借金をしながら会社運営の資金調達に奔走したし、友人に頼まれて関係した製油会社や製茶会社、土地会社などの倒産に際しては、私財を投じてその始末にあたっているのである。

立場をわきまえて、その規範どおりに動ける、その意味では、自制心の強い人であった。

現在の近鉄社長金森茂一郎さんは、その又一郎氏の孫にあたる。そして、茂一郎さんは、父乾次氏が病弱であったこともあって、少年時代のほとんどを又一郎氏のもとで過ごした、という。

「私にとっての祖父は、ある面で頑固すぎるほどの人でした。

私が中学生のとき、全国中等学校選抜野球大会、いまの甲子園大会ですが、その大阪の決勝戦がその年は藤井寺球場であったんです。何とかいい席で見たい、と祖父に頼んで、友だちと二人分の切符を手に入れてもらいました。当然、電車の家族乗車券をつけてもらえるもの、と思ってたら、電車は金払って乗るもんや、としかられたものです。

そのときは、何とケチな、とも思いましたが、祖父は、信条を曲げることが子ども相手にでもできなかったんですね。たとえば、家族乗車券は、社員がつかうもんで経営者が使うもんではない、と、つかわずじまいでした。

オーナー社長、というのを嫌いました。祖父は、たしかに大軌の創業者のひとりでしたが、企業組織は個人の権利とは別なもので、その経営者とは、たとえオーナーであってもその一時期をあずかる奉仕者である、といっていました。その姿勢を貫きましたし、その後の代々の社長にもその考え方が伝えられている、と思います。佐伯さんも、そうでしたよ。

近鉄の社長は、いってみると輪番制のサラリーマン社長なんですよ」

私は、それを節倹を重んじる大阪の「商人道」とみたい。いや、「商士道」とでもいう美学なのであろう。

金権や地位をさほど大事としない社会道徳に準じた価値観が、そこに存在する。そして、「プロローグ」での浅井孝二さんの言葉にもあったように、どうも、明治生まれの経営者にその気骨がより顕著であったように思える。

金森又一郎氏の私心のなさは、種田虎雄氏も大いに共感するところであった。

そして、佐伯勇も、そうした信義と清廉を重んじる経営哲学を種田氏に学んだのである。ということは、種田氏を通じて金森氏に学んだのである。

ちなみに、佐伯勇の遺産は、約八五億円であった。それは、金森、種田の先代社長に比べると多額であるものの、また庶民感覚からすると巨額であるものの、現代の資産家の状況からすると、けっして大きな額ではない。同時代の経営者と比べてみても、つつましい財産といわなくてはならない。分相応の邸宅と郷里の別邸、それに立場上、自社株は積極的に取得したものの、他に不動産もなければ美術品のコレクションもないのである。

とくに、社長・会長に在籍の四〇年間のうちには近鉄沿線の開発が進み、地価は年々上がっている。そうしたなかで、その種の情報が先取りできる立場にありながら、個人的には不動産売買に一切関与しなかった。株式投資にしても同様で、その立場上での自社株の取得以外には、まったく関心を示さなかったのである。見事な自制といわざるをえない。

佐伯勇もまた、我欲の薄い人であった。

その事実を知ることは、ここで評伝を書く私にとっても気もちが明るくなることなのである。

関西私鉄の再編

だが、人間的な清廉さと、事業における貪欲さはまた別のようで、しかも同時に共存するものでもあるらしい。両者無縁ではないだろうが、しばしば別々に機能するとしてよいだろう。

我欲のない人間も、仕事上の責任感や義務感がからむと強欲にもなる。そこで、おのずから素顔と公的な仮面とのつかいわけを意識することにもなるのである。

金森又一郎・種田虎雄コンビが、とくに力を注いでおし進めたのは、近畿一円の私鉄交通網の整備であった。むろん、その中心は電鉄産業であり、その交通網の整備とは、大軌の立場からすると、周辺各地に分散して存在する中小の私鉄の吸収合併を進めることにほかならなかった。

大軌の成長の歴史は、すなわち合併の歴史なのである。

明治から大正時代にかけて、都市間あるいは都市と行楽地間を結ぶかたちで全国各地に小規模な電鉄会社が発足したことは、すでに先の「大学は出たけれど……」の章で述べた。そして、関西圏にそれが顕著であったのは、地場に篤志家とその資本力があったことと寺社に代表される行楽地が発達していたことが理由であっただろう、とした。それらの電鉄網が、やがて電車のスピードアップと路線の延長を中心課題とした新たな投資が必要な時期を迎えたのである。それは、産業の近代化のためには不可避なことであり、それによって企業間の競争が激化するのも当然のことであった。

そこに、たとえれば、弱肉強食の原理が生じ、この場合は資本の系列化が進むのである。

金森氏が運輸官僚であった種田氏を片腕に、大軌が主導権をもって企業合併をおし進めようとしたのは、これも当然の先見というものであった。そのとき、言葉のきれる種田氏が表に出て渉外役となり、大阪の実業界を熟知する金森氏が裏にまわってその参謀役となる、そうしたコンビネーションが生きたのである。

合併のあり方を、図表（次ページ）に示してみた。

その合併劇に、わが佐伯勇も種田氏の指揮下で関与することになるのである。

まるで、高校野球のトーナメント戦のように見える。金森又一郎社長の時代に六度の、種田虎雄社長の時代にも六度の合併があり、大阪電気軌道（大軌）が本流の近畿日本鉄道（近鉄）ができたのである。

そのなかで、もっとも大規模で、のちの近鉄の発展に大きく作用するのは、参宮急行（参急）と

大軌～近鉄の歴史

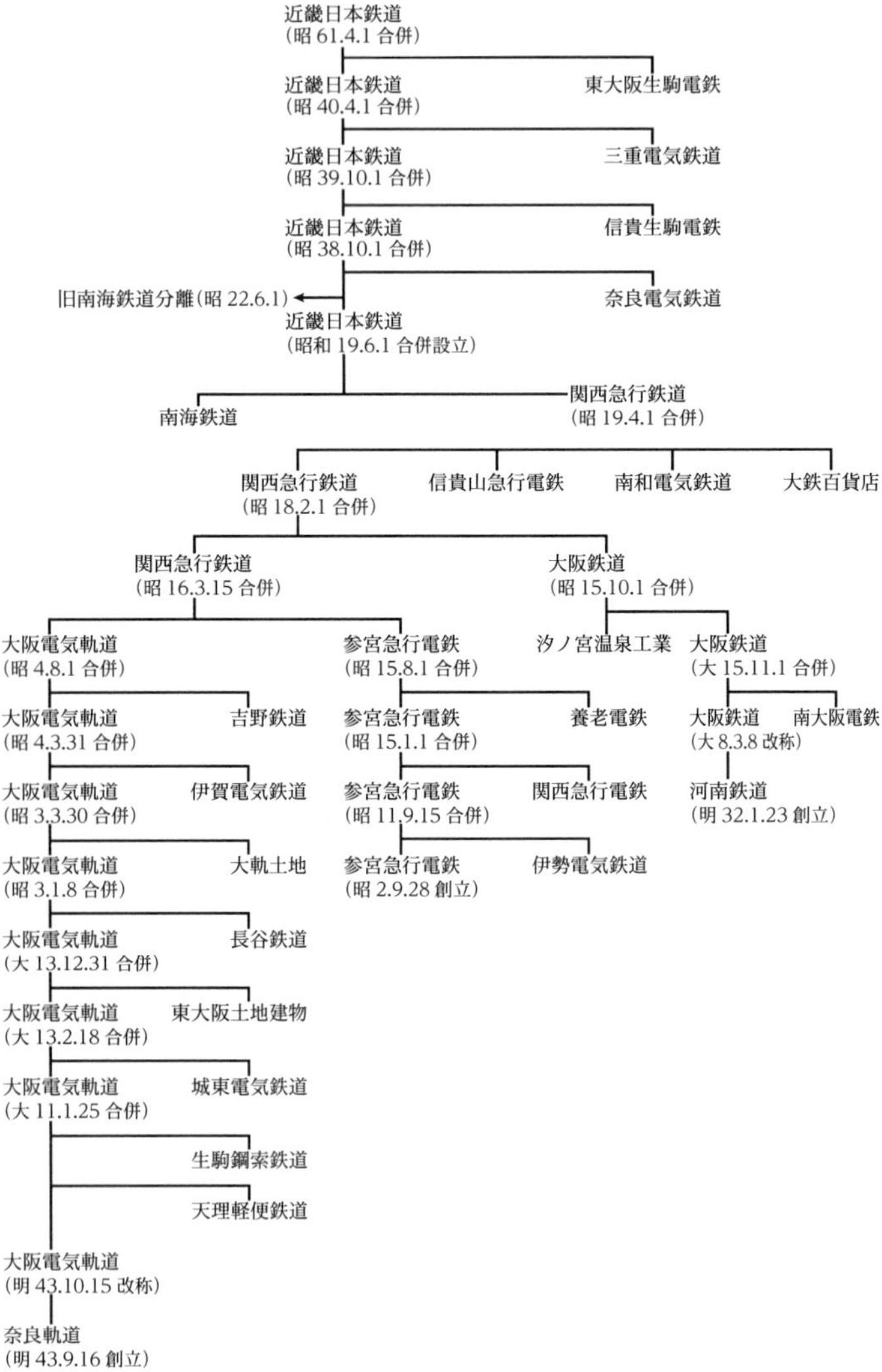
近畿日本鉄道
(昭 61.4.1 合併)
東大阪生駒電鉄
近畿日本鉄道
(昭 40.4.1 合併)
三重電気鉄道
近畿日本鉄道
(昭 39.10.1 合併)
信貴生駒電鉄
近畿日本鉄道
(昭 38.10.1 合併)
奈良電気鉄道
旧南海鉄道分離(昭 22.6.1)
近畿日本鉄道
(昭和 19.6.1 合併設立)
南海鉄道
関西急行鉄道
(昭 19.4.1 合併)
関西急行鉄道
(昭 18.2.1 合併)
信貴山急行電鉄
南和電気鉄道
大鉄百貨店
関西急行鉄道
(昭 16.3.15 合併)
大阪鉄道
(昭 15.10.1 合併)
大阪電気軌道
(昭 4.8.1 合併)
参宮急行電鉄
(昭 15.8.1 合併)
汐ノ宮温泉工業
大阪鉄道
(大 15.11.1 合併)
大阪電気軌道
(昭 4.3.31 合併)
吉野鉄道
参宮急行電鉄
(昭 15.1.1 合併)
養老電鉄
大阪鉄道
(大 8.3.8 改称)
南大阪電鉄
大阪電気軌道
(昭 3.3.30 合併)
伊賀電気鉄道
参宮急行電鉄
(昭 11.9.15 合併)
関西急行電鉄
河南鉄道
(明 32.1.23 創立)
大阪電気軌道
(昭 3.1.8 合併)
大軌土地
参宮急行電鉄
(昭 2.9.28 創立)
伊勢電気鉄道
大阪電気軌道
(大 13.12.31 合併)
長谷鉄道
大阪電気軌道
(大 13.2.18 合併)
東大阪土地建物
大阪電気軌道
(大 11.1.25 合併)
城東電気鉄道
生駒鋼索鉄道
天理軽便鉄道
大阪電気軌道
(明 43.10.15 改称)
奈良軌道
(明 43.9.16 創立)

伊勢電鉄（伊勢電）の合併であった。

参急が、大軌の姉妹会社であることも、すでに述べた。社名は別々であるが、それは鉄道省の許可の関係上のことで、大軌と参急は双頭同体の関係にあり、一般的には大軌・参急と呼ばれていた。あくまでも、主導権は大軌にあった。

大軌が伊勢に通じる参急をつくり、次にめざしたのは、名古屋への進出であった。

すでに参急名で、昭和二年（一九二七）、中川（三重県一志郡戸木村）から四日市、桑名を経て名古屋に至る七一・一キロの敷設免許を申請。昭和四年に免許はおりたものの、その距離は短縮され、桑名（大山田村＝現在、桑名市）までの五七・三キロについてだけであった。

桑名―名古屋間については、当時すでに敷設免許を得ていた鉄道があったのだ。大軌・参急と同じく名古屋進出をもくろんでいた伊勢電（本線は、大神宮前―桑名間）である。

つまり、名古屋進出を悲願とする大軌・参急の前に大きく立ちはだかっていたのがこの伊勢電であった。一ときでも早い名古屋進出を考えると、免許のおりるのを待つより伊勢電と連携をはかるほうが近道であることは自明の理である。そこで参急は、傘下に収めていた中勢鉄道の敷設権（中川―久居間）を譲り受け、すでに敷設免許を得ていた久居―津間と合わせ、とりあえず中川―津間（津線）の開業をめざしたのである。

こうして名古屋へ向けての第一歩を踏み出したものの、まだまだその道のりは遠かった。伊勢電に先に名古屋へ進出されたら、という危機感が、参急社内に少なからず生じていた。

ところが、伊勢電は、名古屋延長線の建設を後回しにして、山田延長線の開通を急いだのである。これは、同地域に線路を有する参急への挑戦でもあった。しかし、これが伊勢電をかえって苦境に追いこむことになった。伊勢神宮までは、参急本線と国鉄名松線が相次いで開通しており、いずれも計画どおりの業績をあげられずにいたのである。それに加わった伊勢電は、その古い経営方式から脱却できずにいたこともあり、過剰投資による借入金で経営難に陥っていった。折からの不況が、その危機にさらに拍車をかけたのである。

伊勢電の借入金返済は遅れ、昭和七年（一九三二）四月、ついに伊勢電に多額の融資をしていた四日市銀行の取付け騒ぎにまで発展、三重県下の財界を大きく揺るがすことになった。その結果、伊勢電は、やむなく整理、救済の道を探すことになった。しかし、その具体的な解決策がなかなか見いだせず、結局、三重県当局が窮余の一策として大軌に折衝してきたのである。

もとより、大軌・参急の側に異存があるはずもなく、ここに伊勢電の整理、合併の作業が進展することになるのである。

この伊勢電の整理・合併案の作成は、当時庶務課長の任にあった佐伯にとって、はじめての大仕事であった。その経緯については、「伊勢電問題の概況について」と題した報告書（『大軌』昭和一一年一一月号に掲載）に詳しい。

普通の整理案でありますと、未払込金を徴収して元金を償還する条件の下に債権の切捨、減額又は利息の軽減等を行うのでありますが、伊勢電では新株式の大部分は整理状態にある四日市銀行の所有に帰して居るため、実際問題としては未払込株金を徴収することが困難でありますので、已むを得ず、或いは新会社を設立し、或いは一部の鉄道を分離独立すると言うような複雑な方法を採って、自己の財産を利用して債務を整理すると言う案を樹てたのであります。

（中略）

右の整理の結果、伊勢電の負債として残るものは、三井、興銀の七百八十万円と其他年賦償還をしなければならないものを加えて約一千万円、即ち今までの約半額になるのであります。此の整理が実行されました暁に於いて対等合併をする事は、伊勢電には最良の更生策であり、又大軌参急にも経済上有利な結果を約束するものと考えられるのであります。

こうして昭和一一年九月、参急は、伊勢電の養老線（桑名―揖斐間）を除く在来線を合併した。これにより、参急は新たに八六・六キロの路線を加え、営業圏は三重県の最北部の桑名まで及ぶことになった。なお、養老線は、佐伯の報告書にいう「分離独立」で養老電鉄株式会社となり、伊勢電の担保付債務の一部を肩代りすることになったのである。

一方、伊勢電が有していた名古屋延長線の免許を譲りうけて、新会社関西急行電鉄（関急電＝桑名―名古屋間）が発足。いよいよ建設工事がはじまり、まず、伊勢電時代の計画であった揖斐川、長良《ながら》川、木曽川の鉄橋補強工事から着手。これらの鉄橋は、もともと鉄道省から伊勢電が払い下げを受けていたものだが、名古屋へ快速電車を走らせるにはあまりに脆弱であったため、改修補強することになったのである。

工事は、必ずしも順調にいったわけではない。折からの日中戦争で、建築資材や人夫の確保が困難をきわめた。しかも、水郷地帯の百三十余カ所に及ぶ橋梁や国鉄線との立体交差、さらに名古屋地下駅の建設など難工事の連続であった。ことに、名古屋駅は、東海道線名古屋駅の南隣に地下線で乗り入れ、六両編成列車発着線三本をもつという中京地方初の地下駅で、当時の鉄道業界の常識を破る画期的なものであった。それだけに工事に時間と資金を費やすことになったのである。

結局、着工以来一年六カ月の歳月と建築費約一一六〇万円をかけて工事は無事終了。昭和一三年（一九三八）六月二六日、念願の桑名—名古屋間（二三・七キロ）が開通し、大軌・参急・関急電の線路を連ねて大阪（上本町）—名古屋間（一八九・五キロ）が全通した。ここに名阪を三時間余りで結ぶ日本一の私鉄長距離電車の運転が開始されたのである。

この伊勢電との合併劇について、佐伯は、のちに山本邦義さんに語っている。

山本さんは、佐伯が大阪商工会議所の会頭であったころの『大商ニュース』の編集長であり、その関係での公式の佐伯発言の成文化にもたずさわった人である。その山本さんが、昭和六一年（一九八六）に佐伯から聞きとって書きおこした未公開の一文がここにある。山本さんのご好意で、以下そこから引用させてもらうことにする。

私がタッチしたはじめての大仕事だったから緊張しておったなあ。株式会社合併仮契約書の条文は私が作った。時の総務部長の金森さんに提出して、じっと様子を見ていると、静かに時間をかけて読んだあと、黙ってカナモリと片仮名で書いた判を押した。うれしかったなあ。金森さんの印鑑は独特で、一寸大きい丸の中に左右に模様があって、二行で右からカナモリと書いてあった。

なお、ここでいう金森総務部長とは、金森又一郎氏の子息、つまり現在の近鉄社長茂一郎さんの父乾次氏のことである。

ときに、佐伯勇三三歳、庶務課長であった。

経営者修業

そうした庶務課長時代の働きが認められて、昭和一三年（一九三八）、佐伯勇は秘書課長となる。種田社長からの直々のお声がかりであった。

厳密にいうと、佐伯にとってはそれからの数年間が、「鉄道の種田」といわれた氏のもとで、いわばマンツーマンの関係で種田イズムを吸収する時期であったのだ。さらにいうと、種田社長付の秘書になったこの時点で、将来の経営者へのステップが約束された、ということにもなろう。

佐伯は、大いに張りきった。そうだろう、と思えるのは、このころ佐伯が書いている文章に相当のりきみがみられるのである。若いといえばそれまでだが、種田氏への忠節ぶりに、いかにも緊張した硬さが以下のごとくうかがえるのである。

当社三十年の歴史は之を明治大正の所謂《いわゆる》創業守成の時代と、昭和の興隆発展の時代とに大別されるのであるが、昭和の十数年は実に現社長の入社せられて、その豊富なる体験を活用せられた時代であつた。即ち昭和二年九月前金森社長の懇請に因り大軌嘱託として入社され、同年十月専務取締役に就任、同十二年前社長の後を承けて大軌参急両社の社長となられ、今日に至るまで前後通じて十数年、その該博なる知識と卓越せる識見とを以て、或は専務として枢機に参画し、或は社長として両社の事業を統轄し、献身的努力を傾注して社業の発展に只管《ひたすら》邁進せられたのである。（『大軌参急』昭和一九年九月号）

タイトルは、「最近の社業発展を顧みて」である。それは、大軌の創立三〇年を記念しての特集記事のひとつではあったが、ことさら種田虎雄氏の功績を顕彰する必然はなかっただろう、と思える。なのに、彼の筆は、徹頭徹尾種田氏の鉄道経営法を賛美してやまないのである。

（前略）ともすれば自己本位、営利一点張りの民間事業界にあつて敢然国家奉公、公益を第一義とし、之を以て事業の合理的発展の根幹なりとして、所信を貫徹せられ、克く奉公の実を挙げられたることは吾々の三度省みて深く意を致さねばならぬ所である。（中略）吾等克く社長の意を体し、一意専心此の一線に沿うて、不退転の真心を発揮し、社運の隆昌に渾身の力を尽くすことこそ、時局下尽忠報国の誠を致す所以《ゆえん》なることを深く銘記すべきである。

ここまで高じると、見事というしかない。それを、秘書だから当然のこと、といってはならない。いくら秘書でも、ここまで書きこめる人はいないだろう。追悼文ではないのである。むろん、俗にいうところのゴマスリ記事でもない。剛直な文章である。どうみても美文ではないが、それだけに媚《こび》とかてらいもうかがえないのである。一言でいうと、一生懸命に書いた文章なのであろう。

ということは、佐伯勇という人物は、根がじつに純朴な熱血漢なのではなかろうか。私なら、ちょっと気恥しくて、ここまではとても書けない。それが、ふつうではないか。が、それは凡人たるゆえんの気恥しさであって、意に介さずこれだけの文章が書けるのが傑人というべきなのだろう。

昭和一五年は、大軌の創業三〇周年の記念すべき年であった。奇しくも、この年は紀元二千六百年にあたり、盛大な国家的な祝典が各地で行なわれた。大軌・参急も、その記念事業として、国鉄や奈良電鉄などと提携して、日本全国からの伊勢神宮、橿原《かしはら》神宮、熱田《あつた》神宮の三聖地巡拝旅客のために特別大輸送を行ない、画期的な営業成績を収めたのである。

二月一一日付の『大阪朝日新聞』を見ると、「建国こゝに二千六百年　佳節を寿ぐ曠古の盛儀」

とか「橿原へ慶祝の人並　参拝者七十万」などの見出しが躍っている。

その橿原神宮での紀元節祝賀式に、佐伯は、種田社長に随行した。そのとき、ある事件が生じたのである。

佐伯は、種田社長が式典に参列しているあいだ、待機場所を離れた。その目的までは、しかとわからない。何しろこれは、また聞きの話を再現しているのである。

式典のあとには直会《なおらい》がつきものであるから一時間以上、社長は帰ってこないだろう、と彼はふんだ。それで、種田氏の帽子、マフラー、オーバーを持ったままで場所を離れたのである。

一時間ほどしてのんびりと帰ってみると、種田社長が吹きさらしのその場所に寒さにふるえながら立っている。怒りで全身が小きざみにふるえている、としたほうが臨場感をあおることになるかもしれない。

「バカ者！　犬でも主人のそばを離れんぞ！」

こんどは、佐伯が芯からふるえあがる番だった。

と、ここまでは、よくある話である。が、この話にはおちがあるのだ。

それから三〇年が経った昭和四五年の夏。大阪府下の千里丘陵で万国博覧会（万博）が開かれた。その目玉のひとつに、近鉄レインボーロープウェイがあった。西口駅ゲートと中央駅万博ホールの間八七〇メートルを結んで、七色の球形のゴンドラが空中を回転しながら走る画期的なものだったので、ご記憶の方も多かろう。

万博が開幕してからしばらくのあいだは、佐伯は、連日のように会場に姿を現わすことになった。近鉄社長として、天皇・皇后両陛下をはじめとする賓客をレインボーロープウェイに案内して同乗しなくてはならない。また、当時は大阪商工会議所の副会頭でもあったから、各種のテーマ館での式典やパーティーに出席しなくてはならない。多忙をきわめていた。

三月中旬の小雪が舞う日、佐伯は、サンフランシスコ館の開館パーティーに出かけた。随行は、秘書課長の鈴木剛さん（現在、都ホテル大阪副社長）、広報部長の今井隆さん、それに現地事務所長の田代和さん（現在、近鉄副社長）の三人であった。が、会場には大商会議所の秘書役の中島凡夫さんが同行することになり、三人は待機を命じられた。

「会場内のレストランに、ビフテキを食べに行ったんですわ。ええ、パーティーは、一時間以上かかるやろ、と思うたんです。そしたら、料理がでてくるまで時間がかかりましたんや。自動車は、会場まではもちこめませんので迎賓館のほうに停めてました。それで、食事のあと、夕方でもありましたんで、そこまで佐伯さんのオーバーを急いで取りにまわってサンフランシスコ館に駆けつけたんです。そしたら、いはらへん。

行きちがいだったんですねえ。中島さんが電気自動車に乗せて迎賓館のところまで連れていって、自動車で帰した、というんですわ。三人もいてこの大失態で、いや、まいりましたわ」

鈴木剛さんは、それが秘書時代でいちばんの思い出、と語る。

鈴木さんは、すぐにタクシーであとを追い、奈良学園前の佐伯家までオーバーを届けた。しかし、佐伯は、顔もだしてくれなかった。

次の朝、三人は覚悟をきめて社長室を訪ねた。

案の定である。佐伯は、目をむいてどなった。

「バカ者！　犬でも主人のそばを離れんぞ！」

しかし、いつもの佐伯の怒り方と違って、そういったとたんの目が笑っていた。

「あのなあ、じつは儂も種田さんの秘書をしていたとき同じような失敗をして同じことをいわれたんや、おまえらがへましてもしかたないなあ、といわれましてなあ、ほっとしましたわ。

そら、ようしかられましたで。でも、そのあとで、でたらんかってもですぎてもあかん、やりにくいのはわかっとるが、それがお前の役目やからしょうないやろ、というふうに諭しはることもありました。種田さんのもとで秘書をつとめてはったから、それで秘書の役目も立場も、ようわかってはったんでしょうな」

鈴木さんは、そういって懐かしむのである。

佐伯勇は、名秘書であった、という。

機転がきいたから、というのは大和屋の女将の阪口純久さんである。もっとも、純久さんもその当時は佐伯とのなじみはなく、先代の女将が口ぐせだったことだが、とことわりながら話してくれたのである。

「あたりまえのことですけど、秘書さんのお役目は、親方さんがいま何考えてはるかちゃんとわかってて、知らんふりして手を打つことでっしゃろ。うちのお母はんが、口ぐせのようにいうてました。お母はんは、明治三四年（一九〇一）生まれで、三〇（歳）ぐらいからお店を仕切ってましたから、大正時代から昭和は終戦のころまでの政財界の秘書さんを大勢見せてもろてますわな。そのなかの双璧は、佐伯さんと三和銀行の村野辰雄さん（のちの頭取）や、あの二人は出世すると思うてた、とよういうてました」

料亭の女将の人を見る眼力は、職業として鋭いものがある。それは、衆人が認めるところであろう。

そして、それは直観というよりも観察眼というのがふさわしい。その経験を重ねたところで職業的な勘となるのだろう。もっとも、そうなると料亭の女将という職業にかぎったことでもなく、その道をきわめれば身につく眼力ということになる。ただ、料亭の女将の場合、よりそれが求められる立場にあり、より研ぎすまされる、というのが正しい。

「観るとはなしに観るんでっせ。そうですな、習い性なんでっしゃろな。秘書さんですと、親方さんが宴会してはるときに控え室で待ってますわな。そこで、ただ時間待ちだけしはる人は、並の人でっしゃろ。時間を待つんやのうて、人を待ちますんやろ。そういう気構えや気配りが必要なんとちがいますやろか」

たとえば佐伯の秘書時代、みやげを手配する場合、相手客にはもちろん、その秘書や運転手にも何がしかの配慮を怠らなかった、という。

それが、佐伯がはじめた近鉄流儀の接待法という話がなかば伝説化して、その社交筋では語り継がれているのである。もっとも、のちに佐伯の秘書を長くつとめた山口昌紀さんには、それも種田さんから教わったことだった、と、あるとき告白したそうである。

主客へのみやげより目だたないものをお付きの人用に準備するのは、当然の配慮というものである。ところが、その渡し方がむつかしい。相手方の主従の関係をみて、わざと主客の目にとまるように渡したほうがよいか、反対にこっそりと渡したほうがよいかを察しなくてはならない。それも当然といえば当然の配慮であるが、ひとつ判断をまちがえると、あるいはタイミングをずらすと、あとあとにしこりを残すことにもなりかねないのである。

佐伯勇が秘書として優れていたというのは、事務的な処理能力はともかくとして、そうした状況の判断力が的確であった、ということになりはしないだろうか。

そして、佐伯が生来もっていた優良な素質が、種田虎雄という名伯楽を得てみがきだされた、というべきなのであろう。

関急から近鉄へ

大軌の創立三〇周年の昭和一五年（一九四〇）一二月、大軌・参急は合併契約を締結。もともと両社は双頭同体の姉妹会社であり、参急の事業規模が拡大したところで（一三年の名古屋進出を機に、大軌をしのぐまでに成長した）、両社のあいだに合併の機運が盛り上がったのは当然のことである。ちなみにその合併条件は、大軌が参急を合併吸収する、大軌（資本金六〇〇〇万円）と参急（同五八九七万円）の合併比率は一対一とする、この合併により大軌・参急は商号を関西急行鉄道（関急）に変更する、などであった。なお、まことにまぎらわしいことであるが、この関西急行鉄道は、先に示した桑名―名古屋間の関西急行電鉄とは異る。かように文字面もまぎらわしく、作業面ではもっとわずらわしいのが合併劇というものなのであろう。

こうして、翌一六年三月、営業路線四三七キロ、一府四県（大阪・奈良・三重・愛知・岐阜）にまたがるわが国有数の大鉄道会社、関西急行鉄道（資本金一億一八九七万円）が誕生したのである。さらに、当時、関急が株式の過半数を保有する傍系鉄軌道は、すでに七社（信貴山急行電鉄・信貴生駒電鉄・大和鉄道・神都交通・志摩電気鉄道・三重交通）あり、ほとんどが関急の主要な駅と連絡し、培養路線として大きな役割を果たしていた。また、その他に自動車業一七社などを有し、その投下資本は一七〇〇万円にも達していた。

このとき、関急は、総合多角経営への道を歩みはじめたのである。

しかし、その間にも、戦争の暗雲はしだいに拡大しつつあった。昭和一二年（一九三七）に日中戦争が勃発し、翌一三年、国家総動員法が公布されてからというもの、民間経済は、自由経済から統制経済への移行を余儀なくされていた。

そして、昭和一六年一二月、ついに太平洋戦争に突入。国運をかけ、国力を結集した戦時下にあっては、交通事業も政府の統制下におかれ、鉄道・バスなどの全国的な調整が進められたのである。むろん、それは関急の事業活動にも大きな影響を及ぼすことになった。

たとえば、バス事業であるが、昭和一三年五月からガソリンの切符制が実施され、一五年の末には、米国の対日輸出禁止で石油、鋼材などが輸入できなくなり、一六年九月、ついにガソリン車は全面的に使用禁止となった。それでも、関急のバス部門は、木炭ガスによる代用燃料車や電気自動車に切りかえて、何とか最低限の輸送力を確保したのである。しかし、タイヤや油脂類まで統制されるともうなすすべがなかった。そのうえ、陸運非常体制整備のため路線の統合がはじまり、結局、一七社あった傍系バス会社のうち、関急の直営路線は大阪府下だけになってしまったのである。

ちなみに、関急のその他の事業も、戦時下の統制経済によって大きな打撃をうけた。たとえば、電灯電力事業は、配電事業統合の国策により関西配電（近畿二府四県の統合会社で、のちの関西電力）

に設備ほかを現物出資、従業員三百余人もあわせて提供、結果はすべてを失うことになったのである。また、花園ラグビー場やあやめ池遊園地・温泉場、生駒山ホテルなどの旅客誘致施設は、軍需工場の産業戦士や一般市民の厚生・保健体育施設として利用されることになり、休廃業を余儀なくされた。

さて、鉄道もまた、戦時輸送確保のため、さらに強力な企業体制をとることが要請されて、整理統合が進められていった。その結果、鉄道史の大きなエポック・メーキングとなる合併が相次ぐことになった。東京では、東京横浜電鉄・京浜電鉄・小田急電鉄が合併して東京急行電鉄が発足、九州でも九州電軌が九州電鉄など三社を吸収合併して西日本鉄道を発足させている（昭和一七年）。また大阪では、すでに南海鉄道が阪和電鉄を吸収合併していたが（昭和一五年）、あらたに阪神急行電鉄と京阪電鉄が合併して京阪神急行が発足した（昭和一八年）。

こうしたなか、発足後間もない関急も、当局からの勧めで、昭和一八年（一九四三）二月一日、かねて密接な関係にあった大阪鉄道を合併した。ちなみに、大阪鉄道は、明治二九年（一八九六）に河陽鉄道として創立、阿倍野橋―橿原神宮駅間、古市―河内長野間、道明寺―柏原間などの路線を有する関西有数の鉄道会社であった。

昭和一八年といえば、戦況が悪化していった時期であり、そのころから、こんどは関急と南海鉄道との大型合併の話が煮つまってきた。もとよりこの合併は、当局が強く要請したことではあったが、言葉をかえると国家の存亡を賭ける時代そのものの要請であった、ともいえよう。

昭和一九年六月一日、関急と南海が合併、わが国最大規模を誇る私鉄、近畿日本鉄道（近鉄＝ただし、昭和二二年に南海は再分離）が誕生したのである。その営業路線は、何と六三〇キロにも及んだ。それは、ほぼ東京―加古川（兵庫県）間の距離に相当するのである。

敗戦を予測す

昭和一九年（一九四四）から二〇年にかけて、戦況はますます悪化するばかりであった。それにつれ軍事動員数が増え、企業でいうともっとも脂ののりきった熟練工や技術者までが、赤紙一枚で召集されて、総力戦に投入されたのである。当然ながら、生産労働力の確保と補充が深刻な問題となっていった。

近鉄でも、安全輸送に欠かせない補修資材が確保できなくなったばかりでなく、人手不足で車両の故障が続出するありさまだった。そうした状況下では、まともな営業活動ができるはずがない。そこで、近鉄開業間もなくから二キロ以下の定期乗車券の発売を停止、八月には旅客に乗車制限を強化し、一〇月からは全線の急行廃止とスピードダウンを実施した。

しかも、この時期、工場や検査区で働いていた多くは学徒動員の学生など未熟練者であったため、列車事故が相次ぐことになったのである。

同年九月三日、高野山電鉄線（旧南海線）の紀伊細川―上古沢間で列車が脱線転覆、多数の死傷者を出した。さらに、翌四日、同じく高野線萩原天神駅構内で列車が転覆、やはり多数の死傷者を出したのである。いかに戦時の非常事態下にあったとはいえ、新会社設立からわずか数カ月でのこの大事故は、社内に大きなショックをもたらした。戦後、佐伯らが徹底した安全運転の体制強化をはかるのは、このときの教訓が少なからず生かされてのことといえよう。

そうしているうちにも、米軍のB29爆撃機による本土空襲は、日ごとくりかえされた。そして近鉄は、営業網が広範にわたっていただけに、空襲の格好の餌食となり、線路は随所でズタズタに切りさかれたのである。

昭和二〇年になると、空襲はさらに激化していった。そして、三月一三日夜から一四日未明にかけて、大阪はそれまでにない大空襲の洗礼をうけたのである。大阪の大部分は、一夜にして焦土と化した。ちなみにその被害は、被災家屋三一万九五五五戸、死者一万三三八八人、重軽傷者三万五五四三人、被災者は一一一万五一四〇人を数えたのである。見渡すかぎりの焼け野原のなかに、百貨店ビルと大阪城だけが不気味に浮かびあがっていた、という。

その百貨店ビルとは、近鉄本社が置かれている阿倍野橋の近鉄百貨店ビルであった。しかし、それも残っていたのは鉄筋コンクリートの外壁だけで、内部は廃墟と化していた。もちろん、車両も駅舎もその他の設備も、壊滅的な打撃を受けていたのである。

近鉄は、ただちに上本町六丁目（現在の本社所在地）に本社事業所を移転。資材も労力も不足のなかで万難を排して復旧に努め、輸送の確保に全力を傾けた。しかし、大阪線と南大阪線の全線が復旧したのは、一一日後の二五日のことであった。

こうした状況下では、もはや営業どころではない。当然ながら、被災者の救援が優先された。それは、公益事業の使命でもあった。たとえば、三月一四日から二七日まで、近鉄は、全施設を動かして被災者の無償輸送を行なった。つまり、被災地のあとかたづけに疎開先から駆けつけた人たちのための優先乗車や無賃輸送に全力を注いだのである。

だが、その後も空襲は続き、明らかに鉄道施設の破壊を目的とするような攻撃も頻繁になってきた。空襲警報がだされるたびに全線の列車を止めたが、それでも通行中の列車が機銃攻撃をうけて、乗客や乗務員に死傷者がでることもしばしばであった。

七月になると、従業員の大多数は、難波分室やあやめ池分室などに疎開し、本社には最小限の人員が残るだけとなった。一方、近畿日本鉄道義勇戦闘隊や特設防護団を編成し、本土決戦に備えるなど、社業はほとんど麻痺状態に陥っていった。

そのとき、佐伯勇は、総務部長であり、特設防護団の団長であった。

毎朝、防災訓練があった。皇居を遥拝し、佐伯が訓辞する。もともと演説好きのところがあった佐伯であるが、ときに饒舌がすぎて話が脱線することもあった。

福井芳雄さん（前、志摩観光ホテル社長）は、そのころ直属の部下であった。三高の後輩ということでか、とくに佐伯が重宝がって用事をいいつけていた、という。

「佐伯さんという方は、訓辞好きで、私ら相手にいつも練習しているようなものでした。上手にもなりますわ。

それでも偉かったのは、私らを飽かすまいと思ってか、毎日話題をかえるんです。ただがむしゃらに頑張ろう頑張ろう、とはいわんかった。あれだけ話のネタを用意するのは、たいへんだったでしょうな。それだけ勉強してた、ということですやろ。

ある日、つい口がすべりはった。戦争に負けたときを考えて……、といいかけはったんです。そら、そのころ、それ以上いったら不敬罪で引っぱられますがな。

佐伯さんにしてはめずらしくあわてなはって、いや万が一のことや、そうならんように私たちも応援せなならん、と歯切れの悪いいい方をしはりました」


しかし、思ってもいないことは口にでない。事実、佐伯は、早くから日本の敗戦を予測していたふしがある。


「そのことがあって一週間ほどして、八月の二日か三日のことでした。佐伯さんに呼ばれたんです。日本が武器がもてんようになったとき、どうするか。近鉄をどうたて直すか、ということを考えてくれ、といわれたんです。一瞬何のことかわからんでぼんやりしていたら、このことは誰にもいうたらあかんぞ、と恐い顔していいはりました。

そら、悩みました。誰にも相談できませんから。家の者《もん》に知られてもいかんように思えて、夜遅くにレポートを書きました。

何を書いたか、細かいことは忘れたんですが、要点は三つ。安全快適な運行、多角的な経営、それに食糧の確保、の三つです。一週間で書いて提出したら、よう考えた、と一言いわれました。

そのことは、それっきりです」

これは、注目すべきことである。

敗戦を予測した人は、あちこちにあった。自分にはわかっていた、とあとになって誇らしげにいう人もいる。が、あらかじめその対策を講じた人がどれほどいようか。

そのとき、佐伯は、一介の部長である。経営者ではない。なのに、内々にではあってもなぜそこまでの行動を起こそうとしたのか。

佐伯自身が種田虎雄社長からの内命を受けていた、ということがいちおう考えられる。が、佐伯の性格がおぼろげながらもわかってくると、師とも仰ぐ種田氏の内命を人にもらすことはありえない。佐伯自身が世情を分析して敗戦を予測し、さらに将来自分がおかれるであろう立場をも予断したとしか思えないのである。

なお、その福井レポートの一枚でも残っていないのか、と方々探してみた。が、残念なことに、まったくそれらしいものがない。証拠湮滅というほど大げさなものでもなかろうが、それほどの大事が、佐伯亡きいま、福井さんの記憶だけにしか残っていないのである。

それでも電車は動いた

戦争は、いよいよ本土決戦も覚悟しなくてはならないほどに激化していった。社内誌『関急』誌上では、非常時の輸送についての「戦友精神」とか「戦友愛精神」の徹底を折々に呼びかけているのである。その一例、昭和一七年四月号の「交通従業者家族への心構へ」と題する家庭欄の一文を、以下に紹介しておこう。

吾々は今こそ「イザ」と言ふ時の心構へをしつかりと固めて置かなければなりません。御承知の通り、皆さん方の御主人なり御子弟なりは当社の従業員として、交通機関たる極めて重要な仕事に携はつて居られますが、若し万一空襲の如き場合には、一身一家を擲《なげう》つて、交通事業の確保に挺身されなければならないのです。深夜でも出勤しなければなりませんし、次第によつては三日も四日も家の方へ帰られないかも判りません。その時には御家庭を主婦や幼い子供たちばかりで護つて頂かなければならぬのです。此の点交通従業者の家庭の人々は、農家や商家の家庭の人々と相当の趣を異にして居ります。

昭和二〇年（一九四五）八月十五日、第二次大戦は、日本の無条件降伏で終った。

人びとは、廃墟のなかに呆然と立ちつくすしかなかった。生活の必需品は、窮乏をきわめ、多くの人がたけのこ生活を余儀なくされていた。とくに、都会に生活する人たちがそうであった。

そんななかでも、電車は走っていた。

そのころ、自分の家が焼かれているのに会社に駆けつけ、ほとんど不眠不休で電車を動かすことにやっきになっていた乗務員や駅員が何人もいた。また、労働力の不足を補うべく運転士や車掌も、手があけば保線作業にまででていった。そればかりか、運転にも保線作業にも女子社員までが動員された、という。すさまじいまでの努力といわなくてはならない。

こうしたときの、私ども日本人の道徳心と団結心の強さについては、もうあらためていうまでもないことであろう。

ひとつ近鉄だけではない。国鉄も、他の私鉄も、空襲時の運休はあったものの、その運転再開は、総じて手際よく進められたのである。

たとえば、前出の鈴木義治さんは、当時をふりかえって次のようにいう。

「戦争のときでも、空襲で線路が破壊されたとき以外、電車はほとんど止まりませんでしたなあ。誰が指令をだして誰と誰が頑張って、ということもありませんやろ。近鉄におる者なら、皆それぞれが、それぞれの立場で電車が止まらんようにするのが、あたりまえのこととちがいますやろか。そんなに気張ったもんじゃあなかったですよ。

そりゃあ、空襲から終戦直後は、あとにも先にもない苦しい時代でした。動揺や不安がなかった、というたら嘘になる。けど、ひとりがじたばたしてもしゃあない、というあきらめもあって、さばさばしたもんでしたで。家族が死ぬようなことがないかぎり、会社へ行くのはあたりまえのことでした。一時電車が止まったこともありましたが、それでも線路の上を歩いて、ゾロゾロと仕事に出たもんです。それが、あたりまえでしたわ。

佐伯さんも、平気な顔して座ってはりましたなあ。

それに、会社に行くと、誰かがどっからかイモとかスルメとか手に入れてきてるし、酒もあったりして、仕事を終るとそれなりに楽しみもあったんです。そんなに、夜叉みたいな顔して働きつめたんやないんです。

そら、種田さんかて佐伯さんかて、電車は公のもんや、といわれてたし、私らもそう思ってましたが、戦災におうたから、終戦になったからというて、特別に気張って仕事したわけやないですね。いつもよりは、いろんな状況が厳しかった、というだけのことやったと思いますが……。そら、電車は混みましたで。終戦直後の電車は、よくぞ動いた、というぐらい人を詰めこんでましたからなあ……」

だとすれば、滅私奉公の精神も平常心ということになる。

とくに、私ども日本人にとっての会社は、家であり城である、とは前に述べたとおりである。企業における「ウチ」意識も強い。それにしたがうと、城（会社）を枕に討ち死にするのは本望というべきなのかもしれない。

「いまとは時代が違う」とは、肯定の立場からも否定の立場からもこうした話題につけ加えられる言葉である。が、いずれにしても、そうした人びとの愚直な努力があったからこそ、世界でも驚異的といわれる戦後の復興が成ったのであろう。そして、それが政治とか軍事とは別のところで自然な作用をしたことを、私どもは誇りに思わなくてはならない。

こうやく貼り電車と近鉄農場

さて、鈴木さんが、よくぞ動いていたという終戦直後の近鉄の電車は、「こうやく貼り電車」といわれた。

窓ガラスは、割れたまま。扉も壊れていた。それを修理しようにも、資材が満足にない。そこで、ありあわせの板を窓や扉に打ちつけたのである。当時の写真が何枚かあるが、こうやく貼りとは、なるほどよくいったものである。板で窓を塞いだのでは、車内はさぞや暗くて陰気だっただろう。それに、車内で傘をささなくてはならないほど雨漏りのひどい車両さえあった、という。

それでも、電車は、満員であった。

何より、食糧不足であった。とくに、都市に住む人びとは、食糧の買い出しに相応の時間と資金を費やさなくてはならなかった。また、統制経済下であったので、ヤミ業者が暗躍した。ちなみに、大阪市警の調査資料によると、当時のヤミ業者は約一万五二〇〇人である。その配下の運び屋や売り子まで加えると、おそらくその一〇倍ぐらいの人数がヤミ物資にたかって生計をたてていた、ということになる。そうした人たちが、こうやく貼りの電車に乗りこんでいたのである。

そうした状況は、近鉄沿線にかぎらず、全国各地の都市部の周辺でみられた。が、とくに近鉄沿線には農家が多かったので、食糧の買い出し客が殺到したのである。

近鉄の社員もまた、食糧の確保に走りまわらなくてはならなかった。南海との企業合同で所帯が膨らんでいるうえに、兵役で召集されていた社員たちも復帰してきた。会社としても、いかに社員の糊口をしのぐかを、考えざるをえない深刻な事態であった。

そこで、近鉄では厚生部を局に昇格して、佐伯が局長となり、生産部を設けて食糧の増産にたずさわることになるのである。

ここで思いあたるのが、前項でとりあげた例の福井レポートである。それには、食糧の確保が最重要の命題として掲げてあった。ならば、この人事は、佐伯が志願してのこと、とみることもできる。が、それも、およそ推測の域をでない。

そのあたりのいきさつについては、まずは、もういちど山本邦義さんの聞きとりメモに頼ることにしよう。

十月一日になって、口頭辞令がでた。口頭辞令というのは何かといえば、組織表によって社員に辞令が配布されるのであるが、その時は一枚の用紙すら手に入らぬ事情があったから口頭でしか伝えることができなかった。

ここで踏んばらんと……、というわけで、もう猛烈社員どころではなかった。日本中で一〇〇〇万人の餓死者がでたと噂されたほどの食糧不足のときだった。朝から晩まで、飲まず食わずで働いた。とにかく休閑地を畑に、芋の植えつけをはじめた。そのなかには借地もあったが、快く貸してくれる地主があって、助かったものだよ。

そうだな、全部覚えとらんが、あやめ池は、戦時中は高射砲陣地になっていたが、芋畑に耕した。花園ラグビー場も芋畑だった。

近鉄沿線で二五カ所の農場がつくられ、そこでの従業者が三〇〇人にも達した、というのである。それに、大阪湾岸の淡輪《たんのわ》と伊勢湾岸の二見《ふたみ》には塩田も設けられた。

さいわいなことに、厚生局の活動内容については佐伯と同等に、あるいは佐伯以上に詳しい人が存在する。当時、佐伯の下で農産課長だった高田祐さん（前、近鉄不動産社長）である。

「そりゃあ、佐伯さんの指揮は、勇ましかったですよ。鉄道会社に入って何で百姓をせなならんのや、という人もいましたよ。それに対しても、やるんや、といい通しましたからね。

それでも、あの人が偉かったんは、虎の威を借りたい方をしませんでしたからね。会社のためにとか種田社長の命令とか、そういうい方をしない。時局を説き、日本人なんだからこうしたときは百姓に戻るんや、と自分の言葉で話してくれましたから、結局は、佐伯さんの意気ごみに皆がしたがうことになるんです。

農家に土地を借りに行っても、そりゃあ、うまいこと口説いてましたよ。出征した息子さんの自慢、年ごろの娘さんの縁談など先方の話を十分に聞いて、人間関係をつくってから、ところで、と畳に頭をつけて頼みこむんです。そのタイミングが絶妙で、ご時勢ですから、という一言で決めましたからね。

二人で、長靴をはいて沿線をくまなく歩きましたよ。農地の交渉と作物のでき具合を見るのに、ほとんど家には帰れませんでしたね。旅館や農場の宿舎や、たまに民家に泊るんですが、佐伯さんも、さすがにそうしたところではわがままはでなかったですね。何でも食べたし、雑魚《ざこ》寝《ね》もしましたから。

ただ風呂だけは、一番風呂でないと機嫌が悪かったですね」

佐伯は、潔癖症といってもよいほどに清潔好きであった。後年は、一度袖を通したワイシャツは、たとえそれが一時間だけだったとしても、再度着ようとしなかった。また、紙幣も折り目や皺《しわ》がついたものは、自分の財布に入れようとしなかった。

だが、このときばかりは、佐伯自身がよく口にした「ご時勢」に耐えなくてはならなかったのである。

さて、そうして開いた農場であるが、作物のできは悪く、社員に十分に配給するまでにはいたらなかった。

「そりゃあ、そうですよ。

あの食糧不足、食糧増産の時代に、まともな畑で遊んでいるところなんかないですよ。貸してもらえるのは、誰もが手をださない荒地で、そこを開墾して畑にするわけだから、そうそう収穫があがるはずがないんです。できるのは、すじ芋ばかりでしたねえ。

そのうち、府の農地部から、農業収入を得てるとみて課税する、という話があって、さあどうしよう、ということになった。佐伯さん、やめよう、と一言で決めましたよ。

そういう決断、というかかかわり身は早かったですね。あれだけ精魂を注ぎこんだものですから、ふつうの人は未練が残るものですが、すぱっと〝やめよう〟ですからね。もちろん、正しい判断でした。執着心がないというか、先見の明があるというか、ともかく判断力の優れた方でしたねえ。

結局、農場経営は、二年半ほどで終りました」

しかし、これほど組織だって大規模に農場経営にのりだした企業は他にあるまい。そこに、「大和協力」を社訓とする近鉄の社風がみられる――ありきたりの評価ではあるが、明らかにそういえるだろう。

そして、そのことが結果として、以後の沿線開発を円滑に進展させることにつながるのである。つまり、佐伯と高田さんが沿線をくまなく歩き、土地事情を熟知し、その所有者たちと親密な関係を結んだことで、住宅開発であれ観光開発であれ、スムーズな土地交渉ができたのである。

佐伯は、農産課の解散にあたって、高田さんにささやいたそうだ。

「これからは、住宅と観光の時代やぞ」

独裁すれども独断せず

社長就任披露パーティー

異例の抜擢

「経営者っちゅうもんは、いつも最終的に何らかの断を下さなければなりません。調査や研究でも、社内の衆知を集めても結論がでない問題を、自分一人の責任で決断しなければならないときがある。科学を超えた問題に答えなければならないこともあるわけです。しかも、自分が下した決断は、最後のものであって、取り返しがつかないのであります。ここが、社長たるもんの辛さであり、厳しさですな。

そんなときどうするか。結局は、経営者として人間として、過去に積み重ねてきた経験と英知に頼るしかない。いわば、勘というもんですな。経営の最終段階には、この勘がどうしても必要になってくるわけであります。

勘にもいろいろある。ヤマ勘とかいって、試験勉強の際、このへんが出そうだとかで、そこだけ勉強するといった勘もありますが、事業経営の勘は、そんなヤマ勘であってはなりません。やはり、力の及ぶかぎりの調査研究をふまえたうえで、長年の修業とか経験の積み重ね、真剣な勉強、それからその人の英知とかいうもんが蓄積されてパッと飛びだしてくるひらめきでないといかんでしょ。

知識と経験と勉強の上にたってのひらめきですな。そういう勘ちゅうもんが、事業の勘でなければならない、と思うんでありますよ」（佐伯勇『運をつかむ』）

佐伯勇が経営者として頭角を現わすのは、昭和二二年（一九四七）からのことである。

第二次大戦とその敗戦による運送と交通秩序の混乱は、前章で述べたように目をおおうばかりであったが、昭和二二年から二三年にかけてしだいに復興のきざしがみられるようになった。たとえば、板でふさいでいた車両の窓がガラス張りになっていった。新車両も、台数は少ないながらつくられるようになった。昭和二三年三月の新聞記事には、「関西各電鉄四月からフル運転　戦前同様の姿に」というような見出しが見られるようにもなってきたのである。

世相も、わずかに明るくなってきた。俗っぽいところでは、昭和二二年には、帝都座（東京）の五階劇場で日本で初のストリップショーがはじまった。「名画アルバム」と題した額縁ショー、といえば、ご年配の男性諸氏は懐かしく想いだされるかもしれない。また、浅草国際劇場、大阪角座、名古屋御園座などが次々に再開場。歌舞伎の「寺子屋」や「忠臣蔵」の上演も解禁となった。

そんなころの暗いニュースに、公職追放令の改正・公布がある。

公職追放令は、昭和二一年一月四日に軍国主義者を対象としてＧＨＱが指令したものである。それが、翌年には言論界や実業界にも拡大されて該当者が追放された。実業界では、資本金一億円以上の会社の会長、副会長、社長、副社長、専務、常務、常任監査役がその対象であった。かつての軍需産業にかぎらず、すべての分野に網が投じられた。電鉄会社でいうと、東京急行電鉄、京阪神急行電鉄、それに近畿日本鉄道（近鉄）の三社が追放令に該当したのである。

なぜ資本金一億円の会社が追放の対象となり、なぜ資本金九〇〇〇万円の会社はそれをまぬがれるのか。そのことを問う間もないほどの、突然の公表であった。

「まったく意外なできごとだった」

と、のちに佐伯勇も、山本邦義さん相手に述懐しているのである。

近鉄は、種田《おいた》虎雄社長以下ほとんどの役員を一時に失うことになったのである。昭和二二年四月のことであった。

経営年来不知倦　邦家清昌唯是念
昨善今日有餘殃　退去無復説敗戦

副社長であった金森乾次氏が、四月三〇日をもって会社を辞するときに残した詩である（金森乾次『白雲』所収）。

首脳陣が一新した。社長に衆議院議員の村上義一氏を招聘、専務に社内から玉置良之助氏と佐伯勇が昇格した。

ときに、佐伯勇四四歳。異例の抜擢であった。

その人事については、あくまでも種田虎雄氏が深く関与した。新社長の村上氏は、種田氏が鉄道省に在籍した時代からの友人であった。東京在住の代議士であるから、常識からすると、大阪の一企業の社長を引きうけるはずがない。事実、村上氏は固辞した。それを種田氏が、氏の鉄道に対する理念を継承すべき人物が育つまでつないでくれ、と懇願したのである。社長を引きうけたのは志半ばにして引退せざるをえなかった種田氏への友情であった、と、のちに社長を辞すときに村上氏が述べている（『ひかり』昭和二七年薫風号）。

種田氏が自分の後継者として期待したのは、もちろん佐伯勇であった。

種田氏と佐伯のあいだでどういう言葉が交わされたかは、もう知るすべがない。が、何らかのいいわたしがあったのは、たとえば芝谷常吉さんの言葉からも十分うかがえるのである。

「そりゃあ、儂《わし》も驚きましたよ。正直いって、おもしろなかった。前にもいうたように、佐伯さんと儂では、大学が同期でも入社は儂の方が一年早いんやし、給料も上やったんやから。佐伯さんと同じように専務になった玉置さんは、年齢《とし》も上やし、おとなしい人やから、そんなに反発はなかったんやが……。

ましてや、儂らより歳や役が上だった人らにとっては、佐伯の昇進は、そらおもしろなかったでしょうな。たとえばやな、常務になった鈴木角一郎さんは、それまで上本町営業局長やった。佐伯さんは、その下で局次長やったから、この人事で立場が逆転したわけや。また、技術畑で儂の上役に岡稔さんという人がいて、こらなかなかの人格者で仕事もできる人やった。その人も、常務やから、佐伯さんに先を越されたわけや。そういう先輩たちにとっては、佐伯さんは、目の上のたんこぶになるわな。

それを種田さんが説得して、見事に根まわししはったわけなんや。これからは佐伯をたててやってくれ、と頭を下げはった。そやから、波風がたつようなことがなかった。

儂も種田はんに呼ばれて、こんどは役員にできなんだけど次には何とかなるよう村上さんに頼んでおいたから、といわれた。そういわれたら、わかりました、というしかない。まあ、こっちは技術屋やから、そう出世せなならんという欲も少なかったけど……。

実際に、種田さんの引きがなかったら、佐伯さんもあとの道が開けなかったかもしれんなあ。種田さんの目のかけ方も、すごかった。終戦直後、佐伯さんが発疹チフスにかかったときも、あれは将来の近鉄をせおって立つ男やから何が何でも助けなあかん、というてＧＨＱへかけあって抗生物質をもらってきたほどやから。

佐伯さん、死にかけていたんやで。佐伯さんにとって、種田さんは大恩人やな」

権力者の心理

佐伯勇にとっては、運がよかった——としかいいようのない人事であった。

それは、佐伯自身が認めるところである。

晩年の佐伯が、「大和屋」での内輪の宴席で、ふともらしたことがある。

「儂がここまでやれたんは、運がよかったことや。それから、親からもろうた丈夫な体があったこと。それからもうひとつは、儂も少しは努力したことや」

いや、この運のよさは、ひとり佐伯にかぎらないかもしれない。大企業の重役たちは、ひとり残らず退陣した。佐伯と同じように四〇歳少々で役員に特進した人が少なくない。その人たちは皆、運がよかったというべきなのである。

そして、結果において、そのことは日本の経済界にとっても運がよかった、といわなくてはならない。つまり、年端もいかないで役員になった佐伯たちは、当然、経営者としての在籍期間が長かった。佐伯の場合は、以後専務・社長・会長と責任役員である年数が四〇年間にも及んだのである。すると、長期的な経営計画にそっての内部の組織強化がはかれたはずだ。それが、どんなに企業経営にとって大事なことか、逆にトップが短期間で交代してそのたびに方針がかわることの不安定と非能率を考えあわせてみると、いうまでもなく明らかなことである。むろん、その一方で、権力の一極集中と組織内のなれあいなどの弊害もあるだろう。が、佐伯たち明治生まれの経営者たちは、多くが自己にも部下にも厳格なリベラリストであったのだ。

戦後の日本の経済復興の大きな要因のひとつは、そうした若手経営者層にあった。いうなれば、佐伯たちは、年長者への遠慮をせずオーナー社長的な存在として存分に手腕がふるえたのである。

だからこそ一方で、謙虚になるべきであった。が、佐伯は、まだ若くもあった。傲慢なところがでてきた。というのは、佐伯の専務時代の秘書をつとめた杉田豊三さん（元、近鉄常任監査役）である。

「たしかに、佐伯さんが優秀であることは、誰もが認めるところでした。生えぬきの専務やし、村上さんがワンポイント社長ということも皆がうすうすは察していましたんで、佐伯さんがリーダーシップをとるのは当然のことでした。佐伯さんも、胸を張って、自信満々に行動していました。夏は、扇子をバタバタとつかい、冬は、黒い帽子をひょいとつまんで、〝何や〟とせわしなく用件を聞く……、そんな姿がいまでも懐かしく想いだされます。あとで、田中角栄さん（元首相）をテレビで見たとき、あれっ、そのころの佐伯さんに似てるなあ、と思ったことがあります。

傲慢なところもでてました。それが、とくに村上さんに対してでてきたのです。あの人はお鏡（餅）のダイダイや、といってはばからないんです。もちろん、面と向ってはいいませんが、聞きづらかったですね。それが、自然に行動にもでてきますわ。あるとき、村上さんのために用意した車が会社の玄関前に停っていた。そこへ佐伯さんが出てきて、この車儂が使うわ、といって村上さんをさしおいてさっさと乗ってしまった。温厚な村上さんも、さすがにこれにはむっとした顔をしていましたねえ。

そんな危ない時期がありました。種田さんがいなくなったら恐いものなしです。誰も佐伯さんに向っては注意できませんわ。私も三高の後輩ということで、特別に目をかけてもらい、お宅におじゃまして夕飯をごちそうになるほどでしたが、そこまではいえませんし。でも、あちこちから同じような批判が聞こえてくるし、ひとりで心配だけはしていました」

そのあたりは、佐伯も、人並というべきか。

いみじくも、杉田さんの口から田中元首相の名前がでてきたが、エネルギッシュな行動家で自信家の場合、えてしてこうした傲慢とみられる側面が生じる。それは、避けて通れない、ある種の成長過程のようなものではなかろうか。

そのあたりの精神分析は、たとえば小田晋『権力者の頭を診る』に詳しい。信長も秀吉も、ヒットラーもムッソリーニも、はたまた吉田茂も田中角栄も、権力の座にあって善きにつけ悪しきにつけその時代をリードしてきた人たちには、共通して独善、かんしゃく、奇行に代表される分裂気質と躁鬱《そううつ》気質が混同してみられる、という。そして、その行動様式は、しばしば狂気的にもなり、それがある振幅の範囲内にあればカリスマ性を帯びさせることにもなる、ともいう。

佐伯に、そこまでの狂気性があったかどうかは別である。が、このときの佐伯は、他の多くの人たちとは別の、つまり企業社会での特権階層への道を歩みはじめたのであるから、潜在する気質のどの部分かが先鋭的に働いて特異な精神構造が生じた、としても不思議ではあるまい。椅子が人をかえる、ともいう。それは、多分に当人の意識外での変化なのであろう。

ただ、ここでいう傲慢さは、ものの怪《け》が憑いたようなものでもある。それは、多くの人たちを離反させるような狂気性ではない。問題は、当人がどこでその愚に気づくかであり、その修正のほどでその後の社会的な評価が高くも低くも決まるのである。

杉田さんがいう。

「私の心配は、とりこし苦労に終ったようです。

傍若無人の傲慢なふるまいは、やがておさまりました。はしかのようなものでした。でも、外に対していい顔ができるようになっただけ、そこにフラストレーションもでたのでしょうかねえ、その分だけ内に対してわがままがでるようになったように思います。私が秘書をしたのは二年間だけでしたが、そのあとの秘書の人たちは、かんしゃくをぶつけられては手こずったようですから……」

わが佐伯勇は、反省を識るというその意味では賢かった、というべきなのであろう。

訪米で得たもの

昭和二三年（一九四八）五月、近鉄は、ノースウエスト航空会社の代理店業務を開始。翌二四年九月一二日、専務の佐伯勇は、同社の招待によって単身渡米の途についた。

当時は、まだ特定の日本人しか渡米を許されなかった時代である。その機を得た佐伯の目的は、約一カ月間、精力的に各都市をめぐり、米国の航空事業はもとより、観光事業、鉄道事業、バス事業、デパート業などをつぶさに視察することにあった。

しかし、はじめての海外旅行であるから、心細い旅立ちとなった。渡米後は、ノースウエストからの手配で通訳がつくとはいっても、それまではひとりで行かなくてはならない。

「羽田まで見送って行ったんですが、別れ際になると、さすがの佐伯さんも心配そうで、ほんまに出迎えは大丈夫なんやろな、と何度も念をおしたり、あげくはため息をついてはりました」

と、当時の秘書の杉田豊三さんは語る。

したがって、飛行機に搭乗してからのちの佐伯の行動や気もちの動きについては、傍証する人はいない。以下、簡単な出張報告書と、社内誌『ひかり』（昭和二四年晩秋号）に掲載された講演録でそれをうかがい知るしか方法がないのである。

佐伯の訪れた都市は、シアトルを皮きりにミネアポリス、ニューヨーク、シカゴ、セントポール、デンバー、サンフランシスコなどで、飛行機での総移動距離が約一万五〇〇〇マイル（約二万四〇〇〇キロ）、鉄道約一〇〇〇マイル（約一六〇〇キロ）、自動車の走行距離は約二〇〇〇マイル（約三二〇〇キロ）にも及んでいる。

この旅行で、佐伯がまず驚かされたのは、米国の航空事業の発達であった、という。すでに飛行機の利用がさかんで、その飛行機も、エアーコンプレッション、リクライニングシート、読書用ライトの完備など、ほぼ今日の飛行機の設備を備えるものであった。そのうえ、運賃はだいたい列車の一等料金と同じだったので、飛行機の利用客は増え続ける状況にあった。

以後、佐伯は、航空事業に強い関心を示すことになる。旅客輸送部門は、運輸省などとの関係で東京型企業とされており、その経営への直接参加こそならなかったものの、貨物輸送部門では、昭和四五年（一九七〇）にいちはやく近鉄航空貨物（現在、近鉄エクスプレス）を設立、優良企業にしたてているのである。

一方、陸上では、ハイウェーが整備され、自動車交通が発達していた。自家用車のほかバスやトラックが、日本の二十数倍もある米国全土を縦横無尽に走り回っていたといってよい。ちなみに、かつては一〇〇マイル程度の輸送がトラックの領域で、それ以上は鉄道であったが、佐伯が訪れた当時、すでに二〇〇〜三〇〇マイルを超える輸送もトラックが主流になりつつあった。また、石炭や鉄鋼などのようにそれまで鉄道で輸送されていたものでさえ、トラックで運ばれるケースが多くなっていた。つまり、旅客は飛行機に、貨物はトラックに、という現象のなかで、米国の鉄道は厳しい状況に陥っていたのである。

しかし、そうした行き詰まりを打開するために、思い切って列車を豪華にすることで贅沢な旅を楽しんでもらう、という方法をうちだし、これが成功しつつあった。佐伯は、その快適な鉄道の旅を自ら体験し、その感激を帰国後の講演で次のように述べている。

個室は二人がちゃんと向い合って坐ることができるようになっておりますから、女の人でも連れて旅行するにはもってこいであります。引出しを開ければ寝台が出て来る。便所はついているし、洗面所はついているし、申し分のないようにできております。全く動くホテルとでも申したいくらいであります。（中略）ホテルも汽車も豪華なもので、金と暇があるならば、できるだけ汽車に乗ったり、ホテルに泊ったりしながら旅行することです。私はバーリングトンから約七百マイルほど展望車に乗りましたけれども、車が豪華な上に、飛行機から眺めるよりもう一つきれいな景色でした。ことにミシシッピー河に沿って走るところなどは何ともいえません。（『ひかり』昭和二四年晩秋号）

たわいもない感慨といえばそれまでだが、佐伯のみならず、終戦直後の日本人からみると、それは別天地の感がしたであろうことを認めなくてはならない。先進の富める国アメリカであった。そして、それを目のあたりにした日本人、とくに企業人は、それを理想に定めて、経済の復興と成長を目標に励むことになったのである。

佐伯にとってもこの経験が、昭和三三年に日本初の二階建電車ビスタカーを走らせることにつながったのである。

もうひとつ、新たな事業のヒントになったのが米国のタクシーであった。ニューヨークなどのタクシーは、車体が黄色で「イエロータクシー」と呼ばれていた。佐伯が目をつけたのが、このイエロータクシーである。


日本と同様駐車しているのもあれば、街を流して走っているのもあるが、車の前部に小さな標識灯があって、それに灯がついて居れば空車のしるしと言う訳で、手を挙げるとすぐ停って呉れる。特に夜分などは、よく目立つ黄色の車体と空車の標識灯のために非常に便利である。

(『ひかり』昭和二五年真夏号)


佐伯は、こうしたイエロータクシーの利点に着目し、帰国の翌年(昭和二五年)、近鉄直営の近代的なタクシー事業を開始したのである(昭和三五年、近鉄タクシー株式会社として独立)。それまでのタクシーといえば、円タクの流れをくむ個人営業が主体で、サービス業というにはほど遠く、いわゆる雲助稼業といわれる域のままであった。その近代化に本格的にとりくんだのは、企業経営者としては佐伯がはじめて、といってよい。

イエロータクシーとともに、佐伯の興味をひいたのが、米国のドラッグストアであった。ドラッグストアとは、薬品や化粧品、本などの販売と軽喫茶を兼業する店で、終夜営業であった。佐伯は、そのシステムに注目する。百貨店は夕方六時に閉店してしまうので、勤め人は、退社後買いものをしたくてもできない。そこで、このドラッグストアを日本ではじめたらどうだろうか、と考えた。佐伯は、阿倍野と上本町の百貨店の一部に、年中無休・深夜営業（終電車の時間まで営業する）のドラッグストアを開店した。今日でいうところのコンビニエンスストアのはしりであった。と、佐伯勇の訪米記を綴ってみると、かなりアメリカ文明にかぶれているようにも思える。実際に、ここに紹介した運輸や通商の先進状況だけでなく、テレビの普及やビールの種類、はては野球観戦のマナーまでを賛美してやまないのである。それは、まるで少年がはじめて一人旅をしたときの感激のごとく、嬉々とはしゃいだ報告なのだ。いかにも単純、とみることができる。

しかし、そのてらいのなさが、佐伯の真骨頂なのだ。いいものはいい、と素直に感激するのは、種田虎雄氏を師と仰いでその経営論を賛美したことにも共通する。ふつうの男なら、いかに惚れこんでも、その真情をさらけることをよしとしないだろう。しかも、佐伯は、感激をもち帰り、それをもち続けて事業化をはかるのである。海外の情報が不足している時代性を考慮しても、なおその思考と行動が直結したような単純さに、私はあらためて驚きを禁じえないのだ。

そして、それは、その年齢であれば知らず識らずに物事を冷静に見ようと斜に構える人間が多いなかで、貴重な存在といわなくてはならない。佐伯も、一面では相当に自尊心の強い男ではある。

自分が恥しいと思いこんだことは、たとえば大学卒業から就職までの空白期間のような問題は、けっして他言しない。が、こうした方面については、まるで頓着がないように思えるのである。

それに、このとき佐伯は、ただアメリカかぶれをしただけではない。たとえば、アメリカ人と日本人の性格の違いについて、いくつかを観察、分析した結果、アメリカ社会ではイエスかノーをはっきりさせる必要があり、日本流に曖昧に返事をすると誤解が生じるので、はっきり自分の考えを示すべきだ、といっている。四十数年が過ぎたいまなお話題となっている日米摩擦のひとつの要因を、的確に感知していたのである。また、労働問題の日米比較でも、アメリカの労働時間は実働時間であり、日本のそれは休憩や雑談の時間も含んでの拘束時間であるので、簡単に長短の比較をすべきでない、とこれまた的確な感想を述べているのである。

そのあたり、経営者としての非凡さをうかがわせるに十分である。

社長としての出発

昭和二六年（一九五一）一二月、佐伯勇は、運輸大臣に就任した村上義一氏の跡を継いで第七代近鉄社長となる。

すでに専務の時代から、前項に示したように実質上の経営者として手腕をふるっていたわけであるから、自他ともに認める昇格人事であった。もっとも、一部に佐伯のそうした行動力を傍若無人のふるまいとみる人もおり、たぶんそうした人たちのあいだから、佐伯が業界紙の記者をして新聞辞令を先行させた結果だ、という噂も流れた。が、社会的に影響を及ぼす格の新聞紙上でのその事実はみあたらない。こうしたとき、この手の中傷はえてしてあるもの、としておこう。

それに、佐伯は、けっして奇をてらう戦略家ではない。むしろ、堅実な実務家なのである。

彼は、鉄道とは何かを種田虎雄氏から教わった、とのちのちまで語っている。その種田イズムの継承が、すなわち佐伯の経営方針であったのだ。

種田氏は、電鉄産業とは大衆を相手のサービス業と位置づけていた。たとえば、乗客が快適に移動するために、分割路線は一本化して乗りかえなしの長距離輸送にとりくむべし、と唱えた。そのために、中小の電鉄の吸収合併を進め、ゲージ統一や複線化を計画したのである。

しかし、種田氏が描いた近畿一円の私鉄網の整備構想は、具体的にはまだ緒についたばかりのところで戦争と種田氏の追放によって中断していた。佐伯は、いうなれば種田氏の基本構想を実施計画に移し、さらにそれを実現する役目を担っての社長登板であったのだ。

それに、電鉄会社の体質そのものが、社長の交代があっても基本的な営業方針の変革はありえないところがある。文字どおり、レールの上を走らざるをえないのだ。種田イズムそのものも、特別に奇抜な着想ではなく、それ以前にもそれ以後にも普遍するものなのである。

つまり、企業風土とでもいうべきものがある。

ただ、佐伯は、そのことを自分の言葉として語り伝え、自分の信念として実行する能力をもっていた。それは、天性のものといわなくてはならない。

つまり、方針は普遍的であっても方法は独創的であるのだ。彼が説くのは、理念、概念だけでなく、状況であり対策なのである。佐伯の思考のなかには、いつも「だから、どうなんだ」という自問があったと、思われる。その意味では、彼は理想主義者ではなく、現実主義者であった。

それが、聞く人をして、種田イズムでなく佐伯イズムであるかのように思わせもするのである。世は、まさに急速に経済復興のきざしを呈していた。佐伯が社長に就任する前年（昭和二五年）は、朝鮮戦争が勃発。アメリカ軍が介入することになり、その基地となった日本では特需によって産業が活気づくことになった。もっとも、近鉄やその他の電鉄会社についての経済波及は、ほとんどなかった。が、日本全体が軍需景気にわいたことは、たとえば鉄道の新設や改良工事への大型の資本投下をも、世論として認めやすく作用した。

隣国の不幸に対して不謹慎ないい方になろうが、この朝鮮戦争がなければ、日本の産業・経済の復興がこれほどスムーズに成ったかどうか。その意味では強力なてこであったことは疑うべくもない事実であった。

それに、そのとき復興計画を手がける経済界のリーダーたちが、佐伯勇ら若手の社長や役員たちであったのだ。これも、言葉は適当ではないが、前項でも述べた大企業を対象とした公職追放のおかげであった。

しかも、佐伯たち当時の経営者層は、明治生まれであり、だからすべてがそうだというのではないが、やはりモラルが高い。佐伯勇が好んで口にした「大和《だいわ》協力」とか「会社は釣鐘」とか「カニは甲羅に似せて穴を掘る」などの言葉も、こうした時代だったからこそ社訓としても生きたのであろう。佐伯としては、経営権を与えられた時代がよかった、というべきなのである。

そうした時代の背景を、佐伯勇の個人史としてだけでなく、日本の戦後史としてここで見直しておきたいと思う。戦後のさまざまなできごとの、結果としては幸運ともいえるめぐりあわせと、佐伯たち明治生まれの実業家たちの愚直なまでの仕事ぶりがあって、今日の経済大国日本があるのである。

経営者の姿勢

昭和二〇年代も後半になると、大都市はその周辺人口を膨張させていった。大阪でも、市内の人口は周辺に移り、住宅地は郊外に向って急速にふくれあがった。当然、周辺から市内に流れる人口、つまり朝夕の通勤客は急激に増え、通勤ラッシュがはじまった。そこで近鉄も、この都市通勤輸送の円滑化をはかる必要に迫られていた。

なかでも、輸送力増強の大きなネックとなっていたのが、上本町－布施間であった。この区間の通勤列車は、一時間に四〇本を超えるほどで、線路容量の限界に達していた。その最大原因は、大阪線と奈良線の二系列の列車が運転されていることと、この区間の旧式の線路状況にあった。たとえば、この区間の電圧は、大軌時代のままの六〇〇ボルトであり、布施以東の一五〇〇ボルトと不統一のままであった。そのため、上本町－布施間は電車のスピードを落とさざるをえず、ダイヤ編成もむつかしい状況に陥っていたのである。そこで、必要となるのが高架複々線化と電圧統一で、それによって二系統の列車の運転分離を計画したのである。

それは、戦前の金森社長、種田社長時代からの計画でもあった。

金森・種田ラインでの基本的な構想は、近鉄路線を東に拡充することであり、そのために大和鉄道を吸収合併して参宮急行電鉄を発足させ（昭和二年）、次には伊勢電鉄を合併して関西急行電鉄を発足させた（昭和一一年）。さらに、そうした路線の輸送力を充実させなくてはならない。将来は、難波に乗り入れて大阪の中心基地とし、大阪－名古屋間の直通・快速運転をはかる計画も進めなくてはならなかった。そのための第一歩として、先の上本町－布施間における高架複々線化と電圧統一が、急を要したのである。

これに関連して、昭和二九年（一九五四）五月、まず鶴橋駅の大改良工事にとりかかった（昭和三〇年一一月竣工）。

そして、翌三〇年五月、近鉄は長年懸案の上本町－布施間の高架複々線工事に着手したのである。もちろん、社長佐伯勇が指揮してのことであった。

佐伯が社長になって手がける、はじめての大事業であった。しかも、近鉄という電鉄産業にとっての正道な事業であり、それまで事務畑を歩んできた佐伯が、はじめて鉄道建設事業を手がけることになったわけである。

佐伯にも、内心の不安があったのかもしれない。それを芝谷常吉さんにこっそりもらした、という。

「ほんまに、工事技術は信用してええんやな」

芝谷さんは、もちろん信用してもらってよろしい、と答えた。

「そんなら儂は、そこへは口だしせんわ」

といって、安堵の表情をみせたそうだ。

その一件があったからか、以後も佐伯は、技術畑からの提案や報告に耳を傾けるものの、口だしはほとんどしなかった、という。それでできるか、と問い直したあとは、それでいこう、と決断を示したのである。

分をわきまえる、というのはたやすいが、実際にはむつかしいことである。佐伯は、そこのところでは経営者に徹した。

佐伯の描く経営者の姿勢は、本章の冒頭の言葉に示したように、大所高所にたって事業の方向を決定することに重きをおいている。「独裁はするが独断はしない」といったのも、その表われである。そして、そのためには事前に専門家の意見を十分聴取する必然を認めていた。彼にとっては、社内にあっても、技術者は専門家であったのだ。

そのことにも、見事なまでに単純な論理を貫いているのである。

経理についても、同様であった。もっとも、比較をすれば、土木や電気、機械などの技術面よりも理解できるだけの知識はもっていたはずである。が、経理の専門家に対しても、それなりの遇し方を示していたようである。

今里英三さんは、入社以来ほとんど経理を担当してきた。経理課長、経理局長、経理局担当専務、そして、佐伯に後事を託されて社長になった人である（現在、相談役）。

「私なんか社長になる器じゃあないし、佐伯さんから指名されたときも辞退したんですが、いまの時代は君しかいない、といわれましてお引き受けしたんです。昭和四八年（一九七三）のことでした。そうしたら、ちょうど一年してオイルショックでしょ。私の役目は、いってみれば、不景気なあいだの予算の引締め役でした。佐伯さんは、経理面にはほとんど疎い人でしたが、そうした時流とその対策はちゃんと読めていたんですね」

というほどに、今里さんは経理面でのスペシャリストであり、佐伯の信頼がもっとも厚い部下のひとりであった。

いかにも、実直な人柄である。

奈良盆地のはずれの農村の出身である。生家は、旧家であり、吉野の材木も商っていた。今里さんは、中学校（旧制）から東京に出て、そのあと慶応大学に学んでいる。しかし、まるでそう見えないほどに実直で穏健である。役員になるまでは大阪に通勤するのに、ずっと奈良駅までの片道約五キロを自転車で毎日通っていた。それほどに、自分の生活訓がしっかり備わっている人でもある。小柄な体軀に、駘蕩の風が感じられる人である。歴史の古い農村の名家には、ときどきにそうした人がいそうではないか。

自身が、私はいなか者の百姓育ち、といってはばからない。そして、佐伯さんと自分がずっと信頼関係にあったのは、二人の出自にその共通点があったからではないか、ともいう。

佐伯が事業を推進するにあたって、今里さんの存在ほど心強いものはなかったのではないか。いわば、今里さんが女房役であった。名女房役であった。

その佐伯・今里コンビが生まれたのが、この上本町―布施間の高架複々線工事であった。そのとき、今里さんは、経理局の会計部長であった。

「私の上司の経理局長は、そら、堅実で繊細な人でした。もちろん、その工事が大事なことは十分にわかっておりながら、並行して百貨店の増築計画も進んでいたので、財政面での懸念を示していはったんですな。

それで、佐伯さんも、局長を相手には話が進まんと思われたんか、私を呼ばれたんでしょう。それで、おまえどう思う、と聞かれた。

もちろん、将来の発展を考えたら、やらなあかん。そのころ、大阪の人口もどんどん郊外にふくれあがっていましたから、当然朝夕の通勤・通学客が増えてくる。そうすると、鉄道会社の対応ちゅうか使命は、その輸送をスムーズにはかることですわな。それに、この計画は、べつに奇抜なもんやあらへん。私が入社するころからの、そう金森社長時代からの懸案事項なんです。

上本町－布施間の高架複々線の工事費が約一七億、たしかにそれと同時に、同じ予算規模で阿倍野の百貨店増築計画もでてた。鉄道と百貨店の経済効率を考えますと、どちらを優先させるか決めがたい。財政面では、ひとつだけでもしんどいですからな。それで、佐伯さんも、ためらいがあったんでしょう。そやけど、佐伯さんの顔には、やりたい、と書いてありますがな。

私は、儲かる儲からんでなく、両方せなあかんでしょう。鉄道と百貨店、両面作戦でいきましょう、と答えました。

そしたら、佐伯さんが、儂もそう思うが金は大丈夫やろか、という。佐伯さんは、そのへんは賢いですな。そういって、経理の責任はこちらにもたすわけや。そういうこつは、よう知ってなさった。

金は何とかします、と答えるしかありません。そのかわり、工事期間の金は私が用意しますが、それからあと金を稼ぐのは社長のあんたですよ、と私が佐伯さんに対してはじめて意見を述べたんです」

肝っ玉女房とでもいおうか。今里さんのその体軀からは想像もできないほどに、思い切りがよいのである。その胆力は、佐伯よりも勝っていた、とさえ思える。

しかも、今里さんは、けっして弱音をはかないし、困惑を表情に表わすこともないのである。私の前でも、何億円もの資金工面の裏話を、淡々と語るのである。

資金調達の苦心

話が数年とび、昭和三七年（一九六二）のできごとである。

その間、昭和三四年には、近鉄にとっても佐伯にとっても大事件であった伊勢湾台風の被害とその復旧作業があった。それにまつわる話をあとまわしにして、ここは今里英三さんの工事資金の工面談をつなぐことにしよう。

「奈良線の新生駒《いこま》トンネル着工のときも、そうです。佐伯さんから、おまえどう思う、と聞かれた。これも、私は、内心では新しいトンネルを掘るべし、と考えていたから、そのとおりを答えた。大正のはじめにつくったトンネルが、水漏れがしてますんや。私は、奈良から毎日通勤してるんで、それがわかるんです。

ただ、役員会でも相当にもめていた。たとえば、取締役技術局長の藤縄さんなんかは、この際大型車両の運行が可能な新しいトンネルをつくろう、と主張する。

一方で、水が出るぐらいのトンネルが安全という説もあり、いま大金をかけてまで掘ることはない、という意見もあった。むしろ、この方が多かった。

そうしたとき、佐伯さんが、おまえどう思う、と尋ねられたんです。そのときは、そうか、とだけいわれた。

佐伯さんも役員会も、なかなか決定できんのは、まああたりまえでした。例の伊勢湾台風での被害が大きかったし、すぐあとに第二室戸台風（昭和三六年）も追いうちをかけてきたし、それらの復旧工事で金はもうすっかりつかいはたしていますわ。国からの補助なんかはありませんので、全部自前で修復するわけやから、そら莫大な金額がかかったわけです。

銀行も、借りられる先では、借りられるだけの目いっぱいを借りていますわ。昭和三〇年代後半は、日銀の金融引締めが徹底していましたから、銀行も渋い。いまの近鉄社員には想像もできんことでしょうが、メインバンクでさえ、運転資金しかまわしてくれん状態でした。あとは、ぎりぎりまで自力で資金調達していよいよとなったときにだけ来てくれ、といい渡されていたほどですから。近鉄という看板の信用も、いまの半分ぐらいの軽さで、経済的にはいちばん苦しい時代でした。

でも、電鉄会社は、金がないからといって輸送力の増強と安全の対策をせんでいい、というわけにもいかんですからね。トップが決断をどこでするかですわ。

財布に金がないのは、もちろん佐伯さんも役員も十分にわかってる。そやけど、やりたい、と佐伯さんの顔に書いてある。いや、二度目に聞かれたときは、もう自分では〝やる〟と決断していはった。そう思います。

まだ水漏ってるか、と聞かれた。漏ってます、と答えた。

どないしょ。やりなはれ、もしやらんでトンネルが崩れたら、そのときは会社は倒産でっせ。

そやけど、金ないやろ。金は、何とかなります。鉄《かね》の延べ棒がなんぼでもありますがな。金の算段は、私の役目です。心配しなはんな。

そうか、そんならやろか。と、まあ、こんな会話をしたんです」

ちなみに、今里さんのいう鉄の延べ棒とは、レールのことにほかならない。いいえて妙ではないか。

大阪の市街地が拡大し、近鉄沿線に通勤人口が増えるにしたがい、上本町―布施間の高架複々線化だけでなく、なお、整備すべき問題があった。そのひとつは、上本町からさらに都心部の難波への乗り入れ、もうひとつは、石切―生駒間に大型車両が通る新トンネルを建設することであった。それができなくては、沿線の通勤・通学者をスムーズに都心部に大量輸送することは不可能であった。それまでの生駒トンネルは、創業時、小型車両にあわせてつくっていたため、大型車両は通れなかったのである。そこで、断面の大きい新生駒トンネルを建設し、さらにそれから東の線路も改良して、大阪―奈良間全線に大型車両を走らせる計画がたてられたのである。

しかし、そのトンネルのルート決定については、あくまでも慎重でなくてはならなかった。というのは、旧生駒トンネル建設の際に大崩壊にあった苦い経験があったからである。結局、再三にわたる討議の結果、工費、工期、技術上の問題などから、旧トンネルの南側を通すルートに決定した。だが佐伯は、工事に着手する前に、さらに周到な調査を命じた。たとえば、生駒山の地質の権威者やトンネル掘削の権威者、土木工学の第一人者などを顧問に、精密な調査を行なっている。そして、昭和三七年（一九六二）四月、「奈良線改良工事局」を新設。トンネルの工事に着手したのは、西口石切側が九月八日、東口生駒側が一四日であった。

工事は順調に進み、翌三八年一〇月に導坑が貫通。そして三九年七月、予定どおり着工以来一年一〇ヵ月という短期間で、新生駒トンネルが開通した。全長三九四九メートル、私鉄最長のこのトンネルの完成によって、上本町―生駒間に大型車両が走ることになり、その輸送力は、大幅にアップすることになったのである。

「たんかはきったものの、私かて、金の算段にメドがたってたわけやあらへん。必要資金は、何やかやで約四五億円でした。そのうち、どうみても二五億円が足りん。じつは、工事がはじまったときも、そのメドがたってたわけじゃあないんです。起工式がすんだその足で、私は、生駒の聖天《しょうてん》さん（宝山寺）に参りました。そうせんとおれん気もちやったんです。

近鉄の技術をもってあたれば必ずできることやから、どうか資金繰りをやりきることができますように、と真剣に拝んだ。そして、工事が完成するまで、日を決めて参ることはできんけど、月二回は参る願かけをしたんです。このことは、いままで誰にもいわなんだし、あんまり格好がいいことやないが、ほんまにそれだけ必死やったんです。あんなこと、あとにも先にもありませんわ。金は、何とかできた。当時副社長やった泉さんが不動産部門の責任者やったが、学園前（奈良市）にもってる五〇〇〇坪を処分しよう、といってくれた。坪五〇〇〇円で二五億。持ってたらすぐに倍にはなるやろが、この際有効に生かそう、といってくれたんです。

この泉さんの言葉は、私には、神の声でした。早速、聖天さんにお礼参りに行ったら、自然に涙がでてきましたわ。念ずれば通じる、ということを、私はこのときはじめて知りました」

それでも、決算期ごとに工事費の全額は払えず、大林組、鹿島建設、奥村組などには三年間も支払いが遅延した、という。

修羅場がいくつもあった。

そうまでしてなぜ、という疑問が私のなかにふとわいた。

「強いていうなら、一方に本業を第一に考える社風があり、それをわきまえて佐伯さんが決断してやることとならしかたない、という気もちの人がようけおったから。まあ、佐伯さんも運がよかったし、会社も運がよかったんでしょう」

という今里さんの表情は、恬淡としてさわやかであった。

電鉄産業から総合経営へ

昭和34年　名古屋線軌間拡幅工事完工式

伊勢湾台風による被害

「伊勢湾台風のことを知ったのは、ローマにいるときやった。でも、そのときは、まだ、そうたいへんなこっちゃという実感はありませんでした。何しろ、台風なれしていたし、ローマの新聞も、日本に台風がきて中部地方に大被害がでたが、日本人は強い国民だからこれを必ずはねかえすだろう、という意味のことがわずか二行ぐらい書かれとるだけやったから。

あわてたのは、パリのホテルで〝復旧の見込みたたず〟という電報を受けとったときでした。あれは、たしか一三通目の電報だった。そのときは、さすがに儂《わし》も、これはえらいこっちゃ、グズグズしておれん、何はさておいても帰ってやらないかん、と思いましたわ。

それで、まず電報を打ったんや、とにかく前例にとらわれず、被災者の救済は徹底的にやれ、それから、損害額は発表するな、いわんとけ、と。株が下がったらあかんと思ったからです。もうひとつ、じつは当時、名古屋線の狭軌から広軌へのゲージ統一を進めていたんで、その新線の復興を優先させよう、と思った。みんな、古い線を元どおりにしようと躍起になっておったが、そうではない、この際あくまで新線だ、と。

それで、とにかく帰国して、羽田からすぐ名古屋へ飛び、そこからジープに乗って被災地に向った。そしたら、平場に敷いてあった線路は、全部濁水にのまれとる。ニワトリや牛の死体が、まだあちらこちらに浮いていて、みんな泥の上に石油缶を積んで、やっと家の境界をつくっているような状態やった。でも、木曽川まで来ると、濁水の上に新しい鉄橋だけがクッキリ浮かんでいるのがみえた。あのときの感動は、いまも昨日のことのように覚えています。自分には運がついとる、神はまだ自分を見捨ててはいない、この橋さえあれば何とかやれる、と天の啓示のようにひらめいたんです」（前掲「えひめ　人　その風土」）

近鉄の歴史のなかでもエポック・メーキングのひとつとなったのが、この伊勢湾台風の直撃である。

昭和三四年（一九五九）九月二六日午後六時過ぎ、潮岬《しおのみさき》（和歌山県）に上陸した台風一五号（伊勢湾台風）は、瞬間最大風速六〇メートル以上、暴風雨半径二〇〇キロメートルという超大型の勢力で北上、中部地方を横断して翌二七日の朝、日本海に抜けた。この台風は、東海三県を中心に大被害をもたらしたが、ことに伊勢湾北部沿岸地域は、高潮などにより、河川・海岸の堤防が二〇〇カ所以上も破壊され、想像を絶する惨状となった。近鉄の営業路線は、民営鉄道日本一であり、それだけに毎年のように台風や豪雨で被災したが、伊勢湾台風による被害は、それまでの比ではなかった。近鉄の路線に沿うように台風が通過したためである。

たとえば、名古屋線は、全線が冠水し、道床と路盤の流失が広範囲に及んだ。破損車両は八四両で、うち二五両は使用不可能となった。大阪線では八木以東で切りとり崩壊四カ所、道床流水四カ所、築堤崩壊三カ所、駅舎の被害は一二件、その他の線の被害も甚大であった。

近鉄の社内では、本社はもちろん、名古屋営業局でも、何人もの社員が徹夜で詰め、一夜明けた二七日は、さらに多くの社員が駆けつけた。しかし、被害の大きさは明らかだが、確実な情報が入ってこない。社内には不安と苛立ちが渦巻いていた。

現在、広報室長の山口昌紀さんは、当時経理局の主計課員であった。

「いまにして思うと、鉄道も通信も脆弱なものでした。いまだったら、あれほどの被害はでないでしょうね。

鉄道もそうだったけど、電話が長いあいだ不通のままでした。だから、大阪の本社と名古屋営業所との連絡がスムーズにゆかないんです。結局、私らが東海道線をつかって現金や書類を運んだんです。準急比叡というのが走ってましてね。大阪―名古屋間が二時間半、それを何往復もしたもんです」

折から、社長の佐伯は、海外出張中であった。

そのときの様子を、英語が堪能で航空事情に明るいということで同行を命じられた田代和さん

(現在、近鉄副社長)はこう語る。

「視察の目的はいくつかあったんですが、そのひとつは、佐伯さんが航空事業やホテル経営を考えはじめていましたので先進例を視察することでした。

アメリカで一〇日間、ヨーロッパで二〇日間、のんびり二人旅を楽しんでいました。被害のようすがだいたいつかめてからは、さすがに緊張もしましたが、まだ外国ですからね。深刻には、なかなか受けとめられないんですよ。

それに、早く帰ろうと焦ってみても、当時は簡単に飛行機の便がつなげない。被災者の救済は前例にとらわれず徹底的にせよ、という例の電報を打ってから、なお三日間パリで予約待ちですわ。それから、ひとまずロンドンに出て、そこからエアーフランスに乗ったんです。ところが、その便がアンカレッジでエンジントラブルを起こして、また二日間足止め。一〇月六日に急きょ帰国を決めてから、羽田に降りたったのが一七日ですから、いまでは考えられないほどの時間がかかったわけです。

じたばたしてもしかたないですからね、適当に見物しながら食べもし飲みもして時間を過ごしたわけですが、やっぱりこの一〇日間は落着かなかったですね。そうです、うわの空で過ごしました。

佐伯さんも、平然とされてはいましたが、めっきり口数は減りましたねえ。こう腕を組んで、目をつむってじっとして、座禅をしているような時間が長くなりました。おかげで、私は、あまりしかられなくてすみましたがね。

羽田に着いたとき、さあ名古屋に行くぞ、と言われたときの顔は恐かったですね」

一〇月一七日、佐伯は帰国した。

災害を転じて拡幅へ

佐伯がいう新しい鉄橋とは、台風の直前に完成した揖斐《いび》・長良《ながら》川鉄橋（九八七メートル）と木曽川鉄橋（八六一メートル）のことである。

名古屋線改良工事の一環として、近鉄がこの両鉄橋の架けかえ工事に着手したのは、昭和三二年（一九五七）七月のことであった。何しろ、旧来の鉄橋は、建築以来六十余年を経ており、老朽化が進んでいた。それまでは、列車の速度制限措置をとるとともに、折々に補強工事をしながら何とかしのいできたのだが、混雑する一方の輸送には、もうとても追いつかなくなっていた。そこで、複線の新鉄橋建設となったのである。

だが、工事は難航した。たとえば、木曽川鉄橋の場合は、底なし川といわれるほど木曽川底の地質が悪く、ふつうの工法では橋桁が埋設できなかった。そのため、ニューマチック・ケーソン工法（圧縮空気潜函工法）で三〇メートルも掘り下げるなどして、やっと工事を進めたのである。

一方の揖斐・長良川鉄橋は、将来の関西線複線用として、すでに国鉄が基礎ケーソンをつくり、未使用のまま放置してあったのを利用することを考えついたところからはじまる。そこで国鉄に働きかけたのであるが、再三の折衝にもかかわらず、なかなか承知してもらえなかった。とうとう最後には、佐伯が国鉄の十河《そごう》総裁に直接交渉して、国鉄が複線化するときには必ずこれと同じものをつくって返すということを条件に、ようやく三三年一一月、五カ年年賦で払い下げを受けたのである。

これによって、工事は急ピッチで進行した。とはいえ、ひじょうに長い鉄橋であるうえ、河口に近いため水量が多く、工事を拒む障害が少なくなかった。さらに、折から鉄鋼事情が逼迫していたこともあり、両鉄橋の工事は、近鉄史に残る難工事となったのである。ちなみに、工事費は、当時としては巨額の二三億円であった。

揖斐・長良川鉄橋の完成は、昭和三四年九月一九日、木曽川鉄橋は二五日。つまり、伊勢湾台風直撃の前日のことであった。じつは、これは予定より二カ月早い完成であり、国鉄のケーソンを利用して工事を急いだことが、さいわいしたことになる。佐伯が、壊れずに残っている鉄橋を見て感動したのは、こうした経緯があったからである。

そして、佐伯は、この機会に、かねてより計画していた名古屋線軌間拡幅工事（ゲージ統一）を一気にやってしまおう、と決意した。交通機関は公益事業なので、工事期間中に電車をとめることはできない。そのため、それまでに周到な検討と準備を続けていた。が、電車が不通になっているこの機会に、復旧と同時に新線に着工すれば、昼間の作業も可能になる。佐伯は、このチャンスを逃すことはない、と考えたのである。

名古屋線の拡幅工事を決定するための重役会議が開かれたのは、伊勢湾台風から一カ月たった昭和三四年一〇月下旬のことであった。すでに、大阪―宇治山田間、大阪―四日市間、名古屋―伏屋間、四日市―桑名間、伏屋―蟹江間は復旧開通していたが、桑名―蟹江間は、依然として不通のままであった。集まった重役陣の顔色がさえなかったのも当然である。

そこへ、佐伯の一声が飛んだ。

「いまここで、ゲージ統一の計画を実行しよう」

しかし、重役陣は賛成しなかった。何しろ被害総額二五億円、七〇〇〇人の従業員が家を失い、家族がちりぢりになっていた非常時である。考えが消極的になるのも無理はなかった。だが、佐伯は自分の意見をかえるつもりはなかった。

とにかく、この機会だから、来年に予定していた全線の広軌へのゲージ統一をやろう。どうせ電車が止まっているのやから、全線の復旧工事は、一挙に広軌にしてやるべし。儂はそう決めた。だから、その方法を考えてくれ。やらんと言う必要はない。どうすればやれるかっちゅうことを考えろ。一週間時間をやるから案をだせ。衣冠束帯は問わん。知恵のある者は知恵をだせ。諸君は何のために月給をもらっているのか、今日あるためにもらっているのではないか、と重役を並べて言ったんや。儂は、もうそのとき、どうやるかっちゅうことを決めていましたけど、自分が案をだしてしまったらみんなが協力できんでしょ。あれは、ちょっとドラマチックやったな。もちろん、芝居なんかしとらん。儂も必死やったんや。それで、一週間目に、みんな案はできたか、ちゅうてみた。いろいろでたが、いちいちその実行案にダメをだし、最終案を儂が一気にまとめたんです。（前掲「えひめ　人　その風土」）

それが、つまり佐伯が経営信条として掲げるところの「独裁はするが独断はしない」ということなのである。

佐伯は、何事によらず独断専行を嫌った。ひとつの決断を下す際には、それ以前にあらゆる知恵を集める。まず第一に、専門家の意見を十分に聞き、調査、研究に時間をかける。そのための金も惜しまない、とした。そして、さらに社内の意見を集める。とくに事業の直接担当者には、計画の遂行と工程の合理化を厳しく求めた、という。「策に三策なかるべからず」といい、つねに代案まで用意せよ、と要求した。

佐伯勇の生来の性格は、素直で慎重、とはすでに考察したことである。

しかし、いざ最終の断を下すときは、佐伯は、断固として自分で決定する。やるかやらないか、呑むか呑まないか、という決定は、会社の最高責任者である社長が、何ものにも左右されず決裁すべき、とした。たぶん、それは、師と仰いだ種田虎雄《おいた》氏の経営法にならってのことであろうが、男とはそういうもの、社長とはそういうもの、と信じたときの佐伯は、また愚直なまでにその姿勢を貫く、その意味では特異ともいえる素直さをもちあわせていた、というべきなのである。

さて、こうして佐伯の独裁によって、ゲージ統一をやると決まると、あとは、当然のように社内には早くやろうという気運が高まってきた。しかし、佐伯は、すぐには実行に移さなかった。何しろ、工事をやり遂げるには、一日千数百人、延べ一万五〇〇〇人の作業員がいる。伊勢湾一帯は、復旧作業で作業員は引っぱりだこになっていた。それでなくても農繁期で人の集めにくい時期であった。さらに、資材を集めたり、運搬するのもたいへんだった。というのは、輸送の動脈となる国道一号線が、水没や橋の流失で十分に機能できない状態だったからである。

佐伯は、臨時株主総会を招集。

「この大災害では、もうゲージを拡幅する以外に起死回生の道はない」

と、大演説をぶったのである。公表されると、新聞は、当然大きく報道する。

それによって、世論も協力態勢をとりやすくなる、と期待したのである。

機は熟した。佐伯はようやく社員に、「やれ」の命令を下したのである。台風襲来から約二カ月、昭和三四年一一月一九日深夜のことであった。

そのとき、児島英一さん（現在、近畿日本ツーリスト社長）は、名古屋営業局技術部塩浜工場課長であった。

「ゲージ拡幅というのは、線路工事だけじゃあなく車両工事も必要なわけですよ。私は、その車両ゲージ拡幅の現場責任者でした。

線路ゲージの拡幅工事は、昭和三五年の二月に一〇区間に分けて行なうことになっていたんです。ええ、昼間は電車を走らせているわけだから、夜工事するわけです。それにあわせて、私らは、段階的に車両工事を進める手はずが整っていた、その矢先の台風でした。

私らの工場でも、工員の三分の一は、家や田畑が流された被災者でした。いつ復旧できるか、どうすれば復旧できるか、やきもきしていました。そこへ、佐伯社長の〝すぐにやろう〟という決断と指示だったでしょう。

私は、言葉は悪いが、現場にいる立場から、内心〝しめた〟と思いましたよ。線路はズタズタで、電車は動いていないんですからね。つまり、休んでいる電車なら、まとめて工事ができますでしょ。それは、線路工事も同じで、しかも昼間に工事ができるわけですから、安全だし能率も上るというもんです。

鉄道にとって、いちばん恐いのは、事故です。とくに、電車を走らせながらそのあい間を縫って工事をする。そのときの神経のつかい方は、そりゃあたいへんなもんですよ。もし、台風がこなくて計画どおり翌年二月にあれだけの大工事をしていたとしたら、寒いときでもあるし、事故があったかもしれません。私らは、そういうことが心配になるのです。それが、安全に能率を上げることができたのは、何よりだった、と思っています。

ですから、そういうことがわかって英断を下した佐伯さんは偉い人だなあ、と思ったものです。現場が一丸となってふるいたったのも、そういう気もちがあったんです」

気をもみながらも長くがまんを強いられていた社員のエネルギーは、そのとき最高度に達していた。佐伯の表現によれば、競馬のスタートのようにいきりたつ社員を一線に並べたのち、ゲートを開いたようなものであった、という。さらに、極度に合理化した工法をとったので、戦列の乱れもなく、作業は順調であった。

ちなみに、工事は全線を九区間に分け、まず、中川—久居《ひさい》間四・八キロから着手し、毎日千数百人の作業員を動員して、久居から名古屋まで各工区の拡幅工事をそれぞれ一日で完了、一日ずつ広軌のレールを名古屋まで延ばしていくというものである。中川—久居間以外は、朝夕のラッシュ時を除いて、昼間の作業を強行。その間、系列の三重交通と奈良交通が全面的に協力し、バスでの代替輸送を行なった。

こうして、すべての工事が終了したのは一一月二七日であった。豊臣秀吉は、数日間で墨俣城を完成させたというが、近鉄は、世界に例がないであろう九日間という短期間に、名古屋線八〇キロの軌間拡幅工事をやり遂げ、同時に不通となっていた桑名—蟹江間も開通させたのである。

工事が快速度で進展した大きな原因は、周到な準備もさることながら、もうひとつ建設省や国鉄の動きをはかり、それに歩調を合わせるタイミングのよさが大きくものをいっている。

佐伯が、一一月一九日まで着工させなかったのは、そのタイミングをねらっていたのだった。建設省の排水工事が一一月三〇日ごろに完了することを知り、逆算(雨や不測の事態も考慮し、工事を一一日間と計算)して一九日に命令を下したのである。ところが途中で、排水工事のほうが二、三日繰り上がる見通しとの情報を得た。しかも、近鉄と並行して走る国鉄関西線も二七日に復旧開通するという。そこで、当初の予定を繰りあげて、同日の開通をめざしたのである。

一二月二七日、開通式に臨んだ佐伯の顔は、一世一代といってよいほどに晴れ晴れとしていた。佐伯は、その日のことを、こう述懐する。

開通式の日は、そりゃあ感激しましたわ。儀式で線路にゴールデン・スパイクを打つ。金メッキで、当時の金で六〇〇〇円のスパイクや。現場の局長が支えて、儂が打つんやけど、儂はぶきっちょやから、いくら上からコチンと当てればいいといわれても、コチンもクソもない。思いきり振りあげてカーンとやったんですわ。そしたら、何と真ん中にバチンと当ってな。まぐれもまぐれやけど、まあ、めでたしめでたしでしたわ。局長は、自分の手がバラバラになるかと心配したちゅうことや。何しろ、儂があんまり力入れとったもんやから……。夢中で真剣やったからなあ。つい、感激の気もちがでてしまったわけやね。（前掲「えひめ　人　その風土」）

その夜の打ちあげの席で、佐伯は、社員を前にはじめて涙をみせたのであった。

この名古屋線軌間拡幅工事の完成が、近鉄の大きな転機となった。さっそく一二月一二日から大阪―名古屋間で直通特急（新ビスタカー）の運転を開始。所要時間は二時間三五分（翌三五年一月からは、二時間二七分に短縮）、本数は九往復と従来のままであったが、中川で乗り換えの不便もなくなり、乗り心地の快適さとあわせて好評を博した。そして、乗客が急増。それまで名阪間は国鉄利用者が多く近鉄利用者が少なかったが、それが逆転したのである。佐伯が語ったところによれば、伊勢湾台風で受けた損害を返してもまだおつりがきた、という。

災い転じて福となす――と題して、佐伯はこの伊勢湾台風に端を発する話を方々でしている。講演録やインタビュー記事も多く、私もこの項に関しては、その部分での資料不足に悩むことはなかった。

とくに、この話をするときの佐伯の口調は、滑らかである。ちょうど、役者が慣れた役を演じるような艶がある。聞く者を、ほろりとさせる。

ここに何度も引用したテレビ愛媛での放談は、昭和五七年（一九八二）、佐伯が近鉄会長で七九歳、いわば最晩年のころである。郷里の視聴者を相手に、彼としてはめずらしいまでにリラックスしてお喋りに興じている。そのようすは冒頭で述べた。そのときに同行した秘書は、山口昌紀さんであった。

録画撮影を終えた佐伯に、山口さんが、いつもどおりのよいお話でしたね、と声をかけた、という。

すると、佐伯は、いかにも嬉しそうに、しかし小さな声でささやいたそうだ。

「この話は、私《わて》の忠臣蔵です」

そう。何度演じても、あるいは何度聞いても飽きない話という意味なのであろう。

奈良電鉄を合併

伊勢湾台風の被害後の修復工事が終り、新生駒トンネルの掘削工事がはじまったころ、奈良電鉄の合併話がもちあがっていた。

近鉄という電鉄会社の基盤づくりは、合併を重ねる歴史であった——とは、すでに「経営者の伝統」の章で述べた。第二次大戦中の企業統制令による南海鉄道との合併（戦後すぐに再分離）をのぞくと、路線延長が可能な合併のあらかたは、戦前の種田虎雄社長の時代に近畿一円の交通整備構想のもとで手がけられていた。だが、奈良–京都間の路線確保は、依然として手つかずのままであったのだ。

というか、奈良–京都間には奈良電鉄（奈良電）があり、奈良電は大企業というほどではなかったが、かといって弱小企業とあなどれる相手でもなく、その吸収合併ははなから無理とするのが大勢であった。

奈良電の合併は難航した。

奈良電は、大正一四年（一九二五）五月に設立され、翌一五年、小倉–伏見間を開通。その後、順次路線を延長して、昭和三年（一九二八）一一月には京都–西大寺間を全通し、近鉄線に乗り入れて、奈良に通じた。また、昭和二〇年（一九四五）には、京阪電車の丹波橋から京阪三条への乗り入れも実施した。しかし、奈良電は、近鉄や京阪のように通勤人口の多い大阪地区と直結していないうえ、京都や奈良の中心地には両電鉄線と連絡しなければ通じないということもあって、鉄道収入の増加に大きな期待を寄せることはできなかった。ちなみに、ターミナルをもたない奈良電は当時、「キセル電車」と呼ばれていた。

奈良電が、経営面で大きな危機に陥ったのは、昭和二八年のことである。その年、台風一三号で大被害を受け、さらに翌二九年、並行して走る国鉄奈良線がディーゼル化されると、経営は一気に悪化していった。

当時は、労働組合の運動が活発で、経営悪化は争議の標的ともなった。社員のモラルも低下した。「勤労意欲はないのに、残業手当が異常にかさんでくる。悪いとわかっていても、みんなでやれば恐くない、式です。役員も社員も秩序が乱れて、親がだらしなければ子どもが不良になる、式です」

と、当時会計課長であった平尾喜三自さん（現在、登喜和商会社長）は述懐する。

ちなみに、奈良電の昭和三〇年上期の一割配当が下期には六分に減配、三三年下期以降は無配に転落し、三七年上期には、約一億六〇〇〇万の欠損を計上した。

奈良電の株主構成は、おおざっぱにいって近鉄、京阪、それにその他大勢がそれぞれ三分の一ずつで均衡を保っていた。

このため、三四年ごろから、株主総会のたびに再建問題の質疑応答がくりかえされるようになったが、まず大株主である近鉄と京阪の両者の意見調整が難航した。奈良電と近鉄、京阪の三者間で再三にわたる折衝が行なわれたが、事態は進展しなかった。

「京阪が奈良電の株を買っているという情報が入ってきたから、内々でうちも株を買いはじめた」

と、のちに佐伯勇は、山本邦義さんに語っている。

だが、それはどうであろうか。奈良電との合併のメリットは、佐伯の側に、つまりは近鉄の側にあった。奈良、あるいは大阪東部の客を京都に運ぶ利のほうが、その逆の京阪側の利よりは勝っていたのである。そして、京都への足の確保は、種田虎雄氏の近畿一円の交通整備構想を継ぐ佐伯勇にとっては、悲願というものであった。

平尾さんが語るのである。

「奈良電の内部では、近鉄が株を買いだしたという噂がもっぱらでしたよ。京阪は、大阪の天満橋から淀屋橋への乗り入れ工事に金もかかっているし、そんな余裕がある時代やなかったですよ。京阪にとっては、メンツの問題だったでしょう。近鉄に負けたくないメンツは、近鉄の京都への乗り入れというよりも、近鉄が京都―大阪間に電車を走らせることへの警戒やったんやないですか。

何しろ、奈良電は、小倉（京都市）から玉造（大阪市）までの路線の免許をもっていたんですから。それを近鉄が合併して実現したら、京阪は強力な競合路線をもつことになって死活問題となりますわな。そうはさせん、というのが京阪のメンツのはずです」

揖斐
大垣
米原
岐阜羽島
湖
養老線
(現・養老鉄道)
近鉄名古屋
名古屋
阿下喜
幹線
北勢線
(現・三岐鉄道)
桑名
西桑名
湯の山線
湯の山温泉
近鉄四日市
西日野
八王子線
(現・四日市あすなろう鉄道)
内部線
内部
日永
鈴鹿線
平田町
伊勢若松
白子
名古屋線
伊賀上野
伊賀線
(現・伊賀鉄道)
榊原温泉口
津
伊勢湾
久居
伊賀神戸
伊勢中川
松阪
山田線
伊勢市
鳥羽
宇治山田
五十鈴川
鳥羽線
志摩線
志摩磯部
鵜方
賢島

近畿日本鉄道路線図
（平成12年時点）

佐伯勇は、その機をねらっていた。

近鉄と京阪、どちらが先に仕かけたかは、この際、さほどの問題ではあるまい。佐伯も京阪が奈良電の株を買っているという情報が入ってきたから、といっているだけである。その事実を確認したから、とはいっていないのだ。

その他の個人株主から、株の買い取りを積極的に行なったのは、まぎれもなく近鉄の側であった。直接の原因はともかくとして、その機がきた、と佐伯が判断したのである。

佐伯は、経理局長の今里英三さんに奈良電の株の取得を指示した。

「個人株主は、だいたい奈良電の沿線の篤農家です。大っぴらに行くわけにもゆきませんから、毎晩毎晩、現金をもって戸別に歩いたんです。

一株五〇円の株が、足元をみられて、しまいには三〇〇円にも五〇〇円にもなりましたよ」

昭和三六年のことであった。当時の出納課長の中沢俊雄さんと課員の山口昌紀さんは、口々にその苦労を語るのである。

近鉄と京阪の攻防は、長期戦に及ぶと思われた。

そこで、大阪商工会議所の杉道助会頭らがあいだに入って、近鉄、京阪両社で奈良電を共有したらどうか、と斡旋してきたのである。ことに、関西財界の大御所で当時関西電力の会長であった太田垣士郎氏は、丹波橋より南は近鉄、丹波橋―京都間は京阪に、という具体案を提示してきた。しかし、佐伯は、その斡旋案に対し、

「レールは一本で、二つに分けることはできん」

と、断固拒否したのであった。

たしかに、それは「鉄道屋の道義」とでもいう理屈である。第二次大戦中の企業統合のあとの再分離の事例をのぞくと、その前例がない。合併による電鉄網の再編成が近鉄の歴史であった。いわば、その歴史的な経営風土というものに、佐伯は固執したのである。

だがその後も、太田垣氏は、電鉄事業の公共的使命を尊び、精力的に斡旋をすすめた。ただ、すでに昭和三六年九月には、近鉄の持株が過半数に達する勢いにあり、それに対して京阪はほとんど無抵抗に近く、形勢は明らかになりつつあった。結局、近鉄が京阪の持株を買い取るということで、両者の了解をみたのである。

この太田垣斡旋案にもとづき、京阪所有株式の近鉄への譲渡協定が調印されたのは、昭和三七年四月二八日であった。これにより、奈良電は近鉄の系列に入り、積極的な再建策にとりくむことになったのである。

そして翌三八年一〇月、近鉄は、奈良電を吸収合併した。この合併により、近鉄は、新たに京都―西大寺間三四・五キロを加え、営業キロを四八八・七キロに延ばした。そして、京都・奈良という古都と、名古屋・大阪という商工業都市を、一本のレールがつなぐことになったのである。

なお、のちに佐伯は、山本邦義さんに打ちあけている。

「ほんまの勝因というのは、京阪の村岡四郎社長の英断やったな。あっさりと京阪の持株も譲っていい、そのかわり奈良電を一流にしたて直しなはれ、というてもろた」

経営者の孤独

このころ、「佐伯は、エゲツない奴」という悪評もたった。

たしかに、見方によると、奈良電の合併を乗っとりとみることもできよう。また、阪神、南海と三社共同出資による名神ハイウェイ・バスでは主導権を主張して譲らなかった。たとえば、当時のベストセラー『社長への直訴状』（三鬼陽之助著、昭和三九年）には「四面楚歌を知るや知らずや」と題して佐伯勇をとりあげているのである。

しかし、そうした批判は、「強（喬）木に風強し」というべきものである。

佐伯は、動じなかった。社内には、抗議すべし、という意見も高まった。が、佐伯は、その必要なし、とした。

「儂は、個人の利益のために行動してるんではない。一近鉄のためだけでもない。多数の利用者のための鉄道屋なんや」

といって、むしろ側近たちをなだめた、という。むろん、それを詭弁とみるむきもあろう。

だが、これまでみてきたように、佐伯は、愚直なまでの種田イズムの信奉者なのである。学生時代に兄広策氏の意見に素直にしたがったように、大軌（大阪電気軌道）の社員時代は、種田虎雄社長の経営論をまた素直に吸収した。佐伯には、そうしたほとんど信仰にも似た素直さがあるのだ。

少なくとも、事業家としての佐伯に私心はなかった、と私は信じたい。

しかし、佐伯は、生来の細心さをも有している。周囲からの批判を気にしないはずがない。内心は、悶々《もんもん》とすることもあったに相違ない。が、そのときも佐伯は、社長たるものはこうあらねばならぬ、という自己規制をもって、その内面の苦悩や葛藤を表にはださなかっただろう。その想像も容易につくところである。

そうしたとき、佐伯は、何をよりどころとして迷いや悩みに対峙したのだろうか。

もちろん、彼がそれを告白してすがっていた相手が存在しないかぎり、知るすべがないが——。

「あるとき、つい、お部屋をのぞいてしまったのです。おひとりになりたいときは、何時まで来んでくれ、といわれますんで……。そうでない時間は、時どきにお用事ありませんか、と声をかけるんです。とくに、ご機嫌が斜めのときやお寂しいときは何となくわかりますからね。ご機嫌が斜めのときはあまり近づかないし、お寂しそうなときは何かとお声をかけてさしあげるようにしてたんです。

そのときばかりは……、びっくりしましたよ」

というのは、そのころ佐伯が名古屋で常宿としていた「翠芳苑」の仲居頭だった平林佐知子さんである。

「あれは、ちょうど名古屋駅前での都ホテルの開業とか犬山への近鉄バスの乗り入れとかの話がでてたころで、昭和三九年か四〇年のころですね。はい、わかりますよ。佐伯さんはそんなこと私らにはいわれませんが、客商売ですと、まわりからいろんな話が聞こえてきますからね。

名古屋は、名鉄（名古屋電気鉄道）の本拠地でしょう。そりゃあ、名鉄側は、牽制したり対抗したりしとりましたよ。名鉄側からすると、佐伯さんは、殴りこみの敵役ですもんね。

その日は、妙に気になりましたんで……、手がすいたのでのぞいてみたのです。お声は、かけたと思いますよ。それで、ご返事がないので襖を開けたんだと思います。

そりゃあ、びっくりしました。向うむきでしたけど、一心不乱で拝んでおいでだったんですよ。鬼気迫る、というか……。私は、瞬間的に襖をたててしまいました。

いえ、それまでも、朝拝んでいらしたのは知ってましたがね……。ふとんの上に座って般若心経を唱えたり庭に出て朝日に柏手を打ったり。でも、それは、習慣というか、のぞかれて困るというものでもないようでしたよ。

そのときは、夜だったんです。ほんとに、鬼気迫るお姿でした。一瞬でしたが……」

それで、佐伯の悩みや迷いがすべて雲散霧消したとは思えないが、精神の痛みの自己治療法のひとっにそうした信心の法があることは事実であろう。宗教とか信仰とはまた異る、文字どおりの「信心」の法である。

しかし、佐伯は、シャイでもあった。むしろ、人前では、そういう話題に対して否定的な態度をみせた、という。

その佐伯が、晩年いちどだけ素直に心情を語ったことがある。

儂は、やっぱり鉄道屋ですからね。一万人の人にハンドル渡して毎日儂が居眠りできるのは、もちろんみんなが一生懸命やってくれてるからやけど、神や仏の力がなかったら、やはりできんと思う。儂は、自分を信じると同時に、神さんを信じて、いつもどうぞ平穏に安全に、とお祈りしてます。そうすると、からだに気力が充満してくるんや。

明日がぜったい安全だなんて言える人はおらんでしょ。助かるのは、これは神の力です。この人を死なせてはいかん、という神の思しめしで生きとるのや。ぜったいに自分の力だけじゃないですよ。（中略）

そういうものがあると思えば、そりゃ一生懸命拝まないかん。そこから外されんように、一生懸命拝む。（前掲「えひめ　人　その風土」）

もしかすると、彼は、そうする自分を信じたのではなかろうか。信じたかったのではなかろうか。

いや、きっとそうであっただろう、と思える。

そして、彼は、自分を信頼してしたがう者をけっして裏切らなかった。


「結果として、近鉄に合併してよかったですよ。

奈良電には京都に住んでいる人が多く就職していましてね。どういうわけか京都の人は大阪を嫌うんです。ですから、大阪の近鉄本社に通うのに抵抗がある人が、たくさんいました。そうでなくても、冷や飯を食わないかん、という警戒心もあるし……。京都の人って、ほんまに大阪の人を信用ならん、と思うてますからね。

ところが、近鉄に来てみますと、わけへだてなく受け入れてもらえるわけやから、皆すっかり元気になりましたよ。ポストは横滑りというか、組合人事で不当におさえられてた人なんかは昇進したんですからね。給料も、全体に上がったはずです。奈良電の社員で、合併後に不満を残した者《もん》はいないんと違いますか。

ええ、佐伯さんが偉かった、と思いますよ。君らを継子《まま こ》扱いはせん、という最初の挨拶を、ちゃんと守ってくれましたからね。合併後に、『奈良電三十年史』まで出版してくれましたからね。そら、皆感激しました」

と、平尾喜三自さんが証言するのである。

その、旧奈良電社員に対する厚遇は、逆に近鉄の生えぬき社員たちから不満がでるほどであった、ともいう。

それを、またうがって、佐伯流の懐柔法、とみるむきもあろう。だが、それも違う、と私は断言する。佐伯勇は、自らが信念としたことに対しては、まことに剛直である。愚直、といってもよい。かつて佐伯が大軌に入社した直後、恐慌といわれるほどの経済の不況下で何人もの同僚が馘首《かくしゅ》された。そのとき、彼は、深く心に期するものがあった。やはり、そのことが彼の人事経営の下地となっている、とみるのが妥当ではなかろうか。

かくして、奈良電合併劇は、三方がまるく収まることになったのである。

事業の拡大

社長在籍二〇年、その後半年は、佐伯勇は、すっかり近鉄という会社と一体化している。「近鉄の佐伯」という顔と同様に、一般にも「佐伯の近鉄」とみられるようになった。社業も以下のように順調に進展した。

昭和四〇〜四五年　難波地下新線の建設と開通
昭和四一〜四五年　高性能車両の大量増備
昭和四一〜四五年　直営バス事業の拡大
昭和四二〜四五年　鳥羽線の建設と志摩線の改良

昭和四二〜四四年　上本町ターミナルの整備
昭和四三〜四五年　奈良駅付近の整備
昭和四五年　日本万国博と会場内ロープウェイの建設運営

なかでも、難波地下新線の建設工事は、軟弱な地盤との戦いであり、そこに最新のシールド工法（複線掘削法）を用いたということで、近鉄の工事史上というよりも日本の地下鉄工事史上で特筆すべき快挙であった。

そうした事業の進展によって、佐伯は、ますます意気軒昂であった。当時の起工式や開通式、テープカットなどの写真でみる佐伯は、あくまでも姿勢正しく、口を真一文字に結んで凛々しい。もっとも、額の禿げあがりと腹のでっぱりはやや気になるところではあるが、それも恰幅のよさ、とすべきだろう。

ひとつ近鉄にかぎらず、電鉄産業にとっての事業の近代化、つまり総合経営とは、ターミナル駅の整備と沿線の開発に代表されよう。先にとりあげた難波乗り入れも、上本町駅と難波駅周辺の整備をともなうものであった。また同時に、名古屋・奈良両駅のターミナル整備も進められた。

佐伯の次なる重点的な事業計画は、沿線の開発であった。沿線の事業開発とは、一に不動産業であり、二にレジャー事業である。

たとえば、佐伯は、不動産事業を強化するため、昭和四三年（一九六八）三月、近鉄不動産を発足させ、沿線の開発分譲に積極的にとりくんだ。そのとき、大いに役だったのが、終戦直後、厚生局長として沿線に農場の開発を行なった経歴である。つまり佐伯は、沿線の土地事情に詳しかった。そして当時、農産課長として佐伯を助け、同じく周辺事情に通じていた高田祐さんを、近鉄不動産の責任者に抜擢したのだ。

「沿線の脇一キロの範囲は全部買え、というのが最初の指示でした。これからの沿線は住宅開発と観光開発、という見通しは、じつは種田さんの方針でもあったらしいのですが、佐伯さんが社長になってやっと現実味をもってきたわけです。でも、あの人は、土地を投機対象とはしなかったし、させなかった。学園前にご自宅をつくるときだって、私らが薦めてのことでした。それをわざわざ役員会にかけ、正規の値段で買われたんですよ。もちろん、こうした姿勢は、私ら部下にとっては嬉しかったですね」

ちなみに近鉄不動産は、昭和四五年にかけて、東生駒、登美ケ丘（第八・九次）、藤の木、関屋、桔梗ガ丘（第三・四次）、藤ケ丘南、鈴鹿ハイツ、あかつき台、東弥生台などの各住宅地を開発。また、鉄道施設跡地に、西大寺近鉄ビル（二階以上は賃貸住宅）と八戸の里グランドマンションを建設した。

一方、レジャー事業については、昭和四二年三月、近鉄興業を発足させ、遊園地、スポーツ施設（ゴルフ場・ラグビー場・ボウリング場・海水浴場・キャンプ場など）、映画劇場、その他観光娯楽施設などの充実をはかった。ことに遊園地は、あやめ池遊園地や生駒山上遊園地など、遊戯具を多数備えた一般的な遊園地のほか、伏見桃山城、自然教室のある多度山遊園地、さらにイルカやアシカの曲芸が売り物のイルカ島海洋遊園地（鳥羽湾）まで、多様な遊びのニーズに対応できる開発を行なった。もちろんそこには、「プロローグ」でも触れた佐伯の理想とするところの総合多角経営論が反映している。

私は学者の説によって、総合経営をやっているのではないし、また単に儲けるためだけにやっているのでもない。利益のためなら、ほかにもっとボロ儲けできるものをやればよいのだが、鉄道事業と密接な関係のないものはやらないことにしている。すなわち、私にすれば鉄道を中心に、よりよきサービスを世間に提供したいという一念を貫いているだけだ。だから、運輸事業は、鉄道、バス、タクシー、レンタカー、トラック、自動車、船舶という具合に、交通機関のすべてを総合経営しているが、そのほとんどが、有機的な交通網を形づくって結びついているし、施設なども極力共用して、旅客の便利をはかっているのだ。旅客の便利を向上させるための交通総合経営である。（前掲『運をつかむ』）

この総合多角経営論は、佐伯が信奉してやまなかった種田イズムから一歩踏みだしたものである。つまり、昭和四〇年代に、佐伯がそれまでの経営体験と日本の経済界の動向分析から築きあげた佐伯流の経営論なのである。

観光産業経営論

なかでも注目すべきは、観光開発に関する佐伯の考え方である。そのことについて佐伯は、昭和三八年（一九六三）の『別冊　中央公論』（秋季号）で、「観光産業成長論」と題して観光産業経営論を発表している。「観光産業」という言葉を公に用いたのは、佐伯がはじめてであろうし、それは、三〇年を経たいまも、十分に説得性のあるすぐれた論文なのである。

機械文明の進歩は、人間に強度の緊張を伴った労働を強いる。労働のために右へ巻かれた心身のゼンマイは、左へ戻しておかねばもたないから、それが人間性の回復――自然に帰ろうとする欲求を強める。一方においては人間は、未知のものを知りたいという本能的な欲求を持っている。それらを満たすのが観光旅行である。

だから、観光産業は、今後成長する、と予見している。

そして観光の動態とは、「行って、見て、遊んで、食べて、休む」という五つの要素から成り立っている、とする。さて、そこで観光産業の経営側とすれば、どういう受け皿をもってくればよいか、とさらに考察を進め、次の五点に言及する。

一、誰もがよいという施設は必ずしもよくない――土地の特徴をつかんで、ユニークな開発計画をつくること。

二、景勝地すなわち観光地ではない――いかに優れた景勝地でも、訪れることのできないところは、観光地ということはできない。問題は、大都市からの距離、アプローチがどうかである。

三、客層を的確に摑まない事業は危ない――観光事業の経営には、時代の流れとともに変化する顧客対象を見きわめ、拡大しつつある客層の中にポイントをはっきり捉えることが肝要だ。所得階層がこれくらいで、性別、都市・農村別、個人・団体別、旅行目的別などはこういう割合であるだろう、というイメージを的確に描くことが必要である。

四、円は線より強い――新たに観光開発を行なうには、周遊ルートに組み入れられるか否かが事業の成否を決める重要な要因となる。観光地は、点より線へ、線より円へと結びつきを拡大し強化することによって、その魅力を増すのである。

五、広い視野と長い眼で――観光産業は、多かれ少なかれ必ず利潤のないものを併設しなければ成り立たないという特性を持っている。小規模な開発から発足する場合でも総合計画を持たねばならない所以《ゆえん》である。要するに小は小、大は大なりに、意気込みにおいては大構想を持って臨めということだ。長期計画は、観光産業の羅針盤である。

要は、やがてくる大量消費時代の観光産業は、量的な面と同様に質的な変革も要請される、と予言しているのである。さらに行間を読めば、かつての「お参り電車」は既成の行楽地へ客を運んでいたが、今後の電鉄産業は、自からが観光開発を行ない、それを有機的につなぐ必要がある――と、観光産業の範を示そうとする意気ごみさえもが感じられるのである。

ただ、こうして列挙してみると、何の変哲もないように思われるかもしれない。が、右の引用は、紙面の都合で原文の趣旨を要約したものであることを断わっておかなくてはならない。たしかに、正論といってしまえば、それまでである。だが、たとえば、「村おこし」（地域おこし）に代表される最近の地域開発計画では観光が重要なテーマとなっているが、その基本的な方向は、おおよそこの佐伯論文の域をでていないのである。

私も、このごろときどき、各地で開催される地域おこしの講演会やシンポジウムに招かれて行くことがある。そして、そこでは地域開発コンサルタントと称する専門家と同席することがしばしばある。

もちろん、私には民俗学的な面からの発言が求められるわけで、その地域の歴史や生活文化からなる有形無形の資源を再分析してみることで、あるいは観光開発のテーマもみつかるかもしれない、といったふうな意見を述べることになる。家に家風があるように、学校に校風があるように、また会社に社風があるように、土地にもそれぞれの風《ふう》がある。いわゆる土地柄というもので、それを明確にして日本文化のなかに位置づけるのは、民俗学のひとつの学問的な手法というものなのだ。つまり、それは、地域のアイデンティティ（特性）を確立する作業にほかならないし、当然、地域おこしにも活用されてしかるべきなのである。

ちなみに、佐伯勇は、その論文での提案の第一項でそうした内容を述べているのである。

しかるに、現実には、民俗学の汎用性はそこまで高まってはいない。それは、民俗学者の怠慢のせいでもあるが、一般に民俗学者のフィールドワークやデータ分析に時間がかかりすぎることが地域おこしの実務担当者から疎まれるからでもある。したがって、歴史学者や社会学者が地域おこしに参加した場合も同様である。

つまり、市町村の担当者や地域開発業者たちの多くは、手っとりばやく計画を策定して予算を消化したいわけである。あるいは、営業利益を得たいわけである。それには、学者の意見や住民の要求をいちどは聞いた、としておくのがよろしいのであろう。

どうも、そういう傾向が強く感じられる。そして、地域開発の計画書は、いずこの例も似たりよったりのものが多く、安直に、「観光」というテーマだてがしてあるものの、その内容は乏しい。そこには、概念語が多く、状況語が少ないのだ。それでは、パソコン操作による計画策定と酷評されてもしかたないではないか。

そもそも、地域おこしは、どの時代もそこに住む人たちがたゆまず行なうべきものである。家の継続と同じように、ムラも継続されるべきなのだ。お上《かみ》が主導して行なわれるものではあるまい。ましてや、補助金があるからその枠内で処理するものではないはずだ。

現行の地域おこしの多くは、残念ながら、矮小なイベントと化している——そういっても過言ではあるまい。少なくとも、佐伯がいう「広い視野と長い眼で」みたものではないだろう。いま、地域開発はどうあるべきか、観光開発はどうあるべきか、抜本的に見直してみる時期にあるように思えてならない。

そうしたとき、佐伯の「観光産業成長論」は、必ずや示唆を与えてくれるであろう。佐伯勇は、沿線開発についても真摯な態度で臨んでいる。あらためて、その跡をたどってみると、先の論文に示した基本的な問題を段階的に具現化して結果をだしているのである。そう評価せざるをえないのだ。

何よりも、彼は、近鉄沿線の土地に愛着をもっていたのであろう。大軌（大阪電気軌道）に入社のとき、会社を第二の家とする、と決意した彼である。近鉄沿線を第二の故郷としたとしても、不思議ではない。いや、きっとそうだったのであろう。

長期的な計画が描ける、その立場にあった。観光開発であれ住宅開発であれ、彼は、そこに新しい故郷づくりを目指していたのではあるまいか。

まず、佐伯がとくに重点的に手がけたのが、伊勢・志摩の総合開発であった。その基盤として、宇治山田―鳥羽間（一三・二キロ）に鉄道を新設するとともに、既設の鳥羽―賢島《かしこじま》間（二五・四キロ）

の広軌化を計画、総工費七五億六〇〇〇万円を投入して、その大工事に着手したのは、昭和四三年（一九六八）五月のことである。

工事は、鳥羽湾の埋立が難航したものの、全体的には順調に進んだ。そして、着工から一年一〇カ月というスピードで完成。昭和四五年二月二八日、竣工披露式が志摩観光ホテルでとり行なわれた。ちなみに、志摩観光ホテルは、昭和二四年（一九四九）、賢島に建設されたリゾートホテルである。当時、そのあたりはまだ僻地であり、突然のホテル建設は、地元の人たちを少なからず驚かせた、という。社内でも、佐伯の道楽ではないか、といぶかしがるむきもあったようだ。だが、佐伯の頭のなかには、そのころすでに、伊勢・志摩の観光開発という大きな構想が芽ばえていたのである。ホテル建設は、その布石というべきものであった。

さて、鳥羽線（宇治山田―鳥羽）と志摩線（鳥羽―賢島）の開通によって、大阪・京都・名古屋から賢島に直通の特急列車が走ることになった。ここに、伊勢・志摩の総合的な交通体系が確立したのである。

佐伯は、この特急の乗り入れに合わせて、さらに賢島周辺の開発に力を注いだ。たとえば、ホテルや旅館の新、増築、別荘地・ゴルフ場の開発、マリンランド・スポーツランド・民俗資料館の開設など、多彩な施設の充実と環境整備に積極的にとりくんだのである。その結果、賢島一帯は、格調高いリゾートとして国際的にも評価を得るに至った。そして佐伯のもくろみどおり、大阪万博のころには「第二の万博会場」として大いににぎわうことになったのである。

ただ、佐伯は、それで満足しなかった。

佐伯は、次に旅行業の成長を期待し、その充実を手がけたい、と思った。

そのとき、近鉄は、近畿交通社を傘下においていた。しかし、その主業務は、近鉄路線への旅客誘致であり、いわゆる旅行代理店業務に徹し切れないところがあった。そこで、佐伯は、前述もしたように渡米によって航空機時代の到来を予見、昭和二五年（一九五〇）、近鉄本社内に国際運輸部を設置して将来の国際的な観光化にも備えようとした。

しかし、佐伯の先見性は社内ではまだ理解が乏しく、近畿交通社も国際運輸部も「極道息子」呼ばわりさえされる状況にあった。なお、のちに両者が合併、近畿日本航空観光となる。

そうしたとき、佐伯は、東京を拠点として日本ツーリストを興した馬場勇氏に会うことになった。馬場氏が佐伯に融資を依頼してきたのである。

「融資じゃなく、出資しよう。それも、だすなら徹底してだそうやないか」

二人の勇が肝胆相照らすことになった――と、そのあたりは、近畿日本ツーリスト創立二〇周年記念出版の城山三郎『臨三三一一に乗れ』にも詳しい。

昭和三〇年（一九五五）、近畿日本航空観光と日本ツーリストが合併、近鉄系列の近畿日本ツーリストが発足。そして、それによって、佐伯の観光産業経営論は、さらに批判を許さぬところまで実践、実証されることになったのである。

「学者は現実を知らない、経営者は情報を知らない、官僚は両方知っていても喋らない」

そのころ、佐伯が側近にふともらした意味深長な言葉である。

佐伯はそのころ、独自の経営者像を描くようになったのではなかろうか。それは、いうなれば硬軟両道の経営者像であっただろう、と読みとれるのである。

大阪の企業風土

昭和46年　中国訪問

文化と経済

「近鉄は、歴史の宝庫を走る電車です。ご承知のとおり、京都より一〇〇年古い歴史をもつのが奈良やし、奈良の天平文化を生んだのが飛鳥文化ですな。飛鳥は、日本でいちばん古い文化を生んだ地というてもええでしょ。

そういうことで、儂《わし》は、古代を見直すことに興味をもったちゅうか、まあ、その大切さを感じまして、飛鳥保存財団の理事長になりました。それはともかく、この二〇年来、文楽に熱心になりましてね。そうです。昔でいう人形浄瑠璃やね。

小さいころ、よく人形浄瑠璃を観たんです。村にまわってくるその芝居を観にいくのが、楽しみのひとつでしたから、子どものころから比較的自然になじんどったわけやね。

昔、文楽は、大阪で毎日のように上演されていて、大阪人の娯楽ちゅうか、教養ちゅうかね、ひじょうに役だってたんです。そもそものはじまりは、元禄時代ですよね、近松門左衛門が曽根崎心中を書いたのが一七〇三年ですからね。以来、みんなで一生懸命育ててきた芸能なのに、いつのまにかしだいにすたれてしまった。このままではやがて散逸して跡かたもなく消えてしまいます。それでは、あまりに忍びない。

一度、松竹が、あれを興行的にやろうとしたことがありました。でも、結局それでは成りたたん、ということで投げてしまったんですわ。儂としては、長年の伝統芸能を何とか残したかった。そこで、文楽の関係者にいろいろ教わったり、府や市、大阪の財界の援助ももらったりして、儂が理事長になって文楽協会という財団をつくったんです。興行的ではいかん、安定させないかん、伝統芸能を保存してみせんといかん、という一念や。

たいへんといえば、そりゃあたいへんでした。役所にお願いして、まず国立文楽劇場をつくらせた。儂も相当苦労しましたけど、文部省の人や政治家、ことに小野先生なんかのご理解を得て実現できたことは、ひじょうに喜ばしいことだと思っています。

文楽劇場をつくった大きな目的のひとつは、後継者を養成しようということです。まず、人を育てにゃいかん。そして、ようやく、一九六七年には海外での公演にまでこぎつけました。フランス、パリのオデオン座での公演でしたが、ジャン・ルイ・バローというむこうの有名な役者が、文楽は人形じゃない、人形をつかっとる人の演技や、と絶賛してくれましてな。大成功でした。それをきっかけとして、政府も文楽を見直してくれて、以来、保護・補助をいただいてるようなわけです。

文楽劇場では、文楽にかぎらず、浪速の伝統芸能を紹介しとります。商売を離れて、何ちゅうのかな、伝統芸能を盛んにするのがここの目的です。それで、大阪のひとつの顔にしたいと、そう思っています。

経済のバックがなかったら、文化はダメですよ。芸能文化は、経済の裏打ちによって盛んになっていく。経済と文化、これは両輪にならにゃいかん。両方がんばらにゃいかんということです」

(前掲「えひめ　人　その風土」)

文化は経済が支える――とは、明快な真理である。

佐伯勇は、実業界にその半生をおいた人間である。いわゆる経済人である。そして、佐伯だけでなく、経済人は、その真理をよく知っている。あたりまえのこと、と明言してはばからない。

事実、さまざまな文化活動が、経済界からの資金援助で成りたっている。いちいち例をあげるまでもなく、演劇や音楽、それに学術会議やシンポジウムなどの文化イベントの多くが企業の後援や協賛を得て開催されているではないか。最近はスポーツ大会にも企業名が冠っている。

ところが、一方の文化人といわれる人たちは、案外その事実を認めたがらないのである。たとえば、冠企業名文化研究所があったとする。そこで研究助成を受ける研究者のなかには、研究成果の発表の場では、その企業名の冠った正式な研究所名をつかいたがらないで、企業名をはずした略称を好んでつかう人がいるのである。そのくせ、文部省とか大学からでる研究費であれば、その長たらしい冠称を省略することなく誇らしげに記したりするのである。

そうした傾向は、私がみるかぎり、どうも東京中心に強い。いわゆる産学共同の姿勢は、疎まれる。

金銭に対する、とくに商業利益に対する感覚は東西で違うのではないか、とは前にも触れた問題である。「きたなく儲けてきれいにつかう」気風は、関西で育まれた。ということは、こつこつと商業で得た利益を文化事業に積極的に投じる、ということにも相通じるのではないか。産学共同の姿勢も、大阪では東京ほどに疎まれない。

企業が設立した研究所は、関西で密度が濃い。すでに社会的に名が通っているものを数えあげてみても、PHP研究所（松下電器）、不易流行研究所（サントリー）、環境文化研究所（近鉄系）などがある。そして、美術館をみても、大和文華館（近鉄系）や逸翁美術館（阪急系）など超一級の内容をもつものもある。そして、それらは、ただ企業の直接利益をはかる企業内研究施設でなく、より広い社会的な文化事象を対象として維持されているところに、この場合の意味がある。もちろん、東京にも同等同質の研究所がいくつか存在する。が、東京に本籍をおく企業の多さを考えあわせてみると、その密度が濃いとはいいにくいのである。

大阪中心の関西では、産学共同の気風がすでに根づいている。

学問研究とは方向は異るが、広義な意味での文化事業として象徴的なのが、阪急電鉄における宝塚歌劇の創設と維持であろう。もちろん、それは誘客の装置としてはじまった。大正三年（一九一四）、「婚礼博覧会」のなかの余興のひとつに少女歌劇の第一回公演が催されたのである。観覧無料であった。

しかし、以来八〇年、何度か曲折はあったものの、女性だけの出演者による歌舞団として維持されたのは、世界でも稀有なことなのである。誘客装置としての機能は誰もが認めながらも、いまやタカラヅカは、日本が世界に誇る舞台芸術のひとつとして評価を高めている。

それには、宝塚歌劇の創立当時、箕面有馬《みのおありま》電気軌道の専務取締役で、のちに阪急電鉄の社長、会長となった小林一三氏の働きが大きい。小林氏については、阪田寛夫『わが小林一三——清く正しく美しく』をはじめ数多くの評伝が出版されているし、小林一三自身の著作も『小林一三全集』(全七巻)や『逸翁自叙伝』などがあるが、あえてここで簡単に触れておこう。

偉人、というのがふさわしい。

明治六年(一八七三)、甲州は韮崎《にらさき》(韮崎市)の豪商「布屋」の長男に生まれた。慶応義塾大学に学んだ文学青年であった。在学中に、当時起こった殺人事件をテーマにした小説「練糸痕」を『山梨日日新聞』に連載している。

大学卒業後は、三井銀行に就職。やがて大阪支店に転勤。以後、大阪の財界筋に知己を得て、明治四〇年、箕面電車の創設に加わるのである。氏が三四歳のときで、社長空白のまま、実質的な経営責任者であった。

小林一三氏が財界人として名を馳せたのは、電車の近代化とともに沿線の総合的な開発を進めたからである。六甲山麓の高級住宅地、温泉、遊園地、野球場などを電鉄に連動させ、いわゆる阪急カラーをつくっていった。つまり、関西の私鉄産業が発展する原型をつくった、といえるのである。

そして、宝塚歌劇をつくり、宝塚音楽歌劇学校を設立した。それに、関西学院大学に不動産資本を投資、譲渡してまで誘致しているのだ。それゆえ、日本のメセナ（文化支援）の先駆者としての評価が高まったのである。

こうした、文化面を重視した沿線の総合的な開発は、小林一三氏を先駆者として関西の電鉄産業のなかに連鎖的に広まってゆく。

佐伯勇も、小林一三氏に対しては畏敬の念を抱いていた。

「小林さんのやり方に倣ってたら間違いないんや」

と、上山善紀さん（現在、近鉄会長）が秘書室長だったころ、何かの話のついでにそうもらしたそうである。なるほど、近鉄の文化事業をみても、あやめ池遊園地、大和文華館、ＯＳＫ（大阪少女歌劇団）など、いかにも阪急のそれに倣ったもの、とみられなくもない。

関東におけるそれには、そのダイナミズムが乏しい。とすれば、小林一三氏の個人としてのカリスマ的な影響はともかくとして、いうなれば、大阪という経済土壌のなかに企業の文化面への投資を許容するさらに歴史的な伝統があった、とみなくてはならないだろう。

大阪商人のパトロネージュ

それは、大坂の旦那衆の見識というものであった。ちなみに、「旦那」という呼称は、本来は商人言葉で大坂になじんだ。それに対して、ご主人という呼称は、本来は武家言葉で江戸になじんだ。

それが混同して用いられるようになるのは、上方落語が江戸で演じられるようになったころから、という説もある。

ここで語源にこだわると短絡にすぎるきらいもあるが、旦那とは、『広辞苑』によれば、仏教用語で、仏家が財物を施与する信者を呼ぶ称、とある。それが転じて、主人の呼称にも、得意客の呼称にもなったのである。もともとそこには、現代風にいうところのパトロンの意があった。

古く、大坂の旦那衆というと、鴻池《こうのいけ》家に代表される。始祖は、山中鹿之助の二男、山中新六である。武士をやめて、灘に近い鴻池村で醸造業をはじめ、江戸の都市化にともない、下り酒の大量出荷を行なうことで富裕となった。その後、海運業から両替業と看板を増やし、日本一の豪商となったのである。

その鴻池家に「家訓」がある。

諸芸遊芸、喧嘩口論、酒宴遊興などを禁じ、倹約勤行と先祖家風を重んじるのは、他家の家訓と同じである。それは、武家の家訓に準じたもの、としてよかろう。その最終項で、「家業の余力をもって学問に励むべし」といっているのである。

もっとも、その学問には二通りがあり、君子の学はよいが小人の学はよくない、としている。君子の学とは、聖法人道を守り諸法歴史に通じる、ということであるから、要は教養を身につけるべし、といっているのである。対して、小人の学とは、人からあなどられないため、尊ばれんがために学問をする、とあるので、そこまでむきになって凝っては家業にさしさわる、と戒めているのである。

これは、江戸も初頭の慶長一九年（一六一四）に定められた家訓である。以来、さいわいなことに、鴻池家ではそれが守られてきた。だから、江戸期を通じて鴻池家は豪商でありえたのだ。

それと対極は、淀屋であろう。淀屋は、両替商として名を馳せていた。大名筋からも淀屋の番頭につけ届けがあったほどだ、という。その淀屋では何代かにわたって个庵《こあん》を名のっている。その五代目という淀屋辰五郎が文人好みであった、と伝わる。一流の茶人と親交を重ね、贅《ぜい》をつくした茶室や書院をつくり、自らも詩を詠じ茶を楽しむ風流人であった。ところが、商人の分際でそこまで大盤ぶるまいをすると、結局は質素倹約を旨とするお上《かみ》の目にとまることとなり、資産没収の憂き目にあっているのである。

鴻池家の家訓からすると、それが小人の学ということになる。商人たるもの、あくまでも学問好き、文人墨客を尊ぶところまででとどめておくべきで、自らが文人墨客たらんとしてはならないのである。

いうなれば、そこに「パトロンの美学」がある。それが、大坂商人の見識というものではなかったか、と思えるのだ。

そのころ、江戸の商人はどういう文化事業に手を染めたか、と資料にあたってみた。

紀伊国屋文左衛門、奈良屋茂左衛門、三谷三九郎など江戸を代表する商人たちに、文人墨客へのパトロン役を積極的に買ってでた形跡はほとんどみられない。いずれも、その出自を問えば、多くが関西である。いわゆる紀州商人であり、近江商人、伊勢商人たちが江戸へ出て根づいているのである。

では、なぜ、そうした違いがでたのか。

大胆にすぎる分析かもしれないが、一言でいってしまえば、彼らは「政商」となったのである。江戸が、それまでの日本の歴史でははじめてといってよい権力集中型の政治都市であったことは、いうまでもないことである。そして、それは、現在の東京にもつながってくる。

そこでは、商業資本と政治とが密着、癒着することは、いかにも当然のなりゆきというものである。政治と結びつくことで、商業資本は巨大化し、その何割かが政治家のもとに還流される。それは、江戸時代も現在もかわらない政治都市のしくみであって、したがって、大がかりな経済犯罪というのも江戸＝東京に多いのである。

つまり、これも端的にいってしまうと、江戸の商人たちは、政治資金を投じることが先行するのである。文化人のパトロンになるよりも、政治家のパトロンになる、そうした傾向が強くみられるのだ。

その点、大阪は、政治に遠い。商業都市なのである。政治的な裏工作で一攫千金がねらえないかわりに、儲けた金は政治に還流させず、市中で自由につかえるのだ。民衆を相手の文化面でのパトロンの輩出には、そうした都市の構造の違いがうかがえるのである。

もっとも、いずれにも例外はある。ここでは、大勢を述べようとしているにすぎない。

それと、ここで佐伯勇がその伝統を継ぐ大阪商人であるといってよいかどうか、それには疑問をはさむ余地がある。これまで述べてきたように、佐伯は、大阪の根生いではない。

「大阪人になろうという努力をしたんですな」

と評したのは、谷口豊三郎さんである。

谷口さんは、現在は東洋紡績の相談役である。父房蔵氏が大阪合同紡績を創立、それがのちに東洋紡績と合併するのであるが、以来谷口家は個人の筆頭株主として今日に至っている。

谷口さんは、篤志家として知られている。たとえば、いまから十数年前、日米繊維戦争といわれる対米摩擦が生じたときに、所蔵の山水画約一〇〇点をスミソニアンのフリア美術館に寄贈し、さわやかな民間外交と高く評価された。また、同じころ、科学の基礎的研究と研究者の国際的研究のために総額一八億七〇〇〇万円もの私財を醵出して、亡父の残した工業奨励会（財団）を「谷口工業奨励会四十五周年記念財団」に拡充し、各研究分野への助成を行なっている。

その記念財団の研究助成プロジェクトのひとつとして、国際学術シンポジウムが毎年開催されている。これは、国立民族学博物館の梅棹忠夫館長が監修、毎回テーマを決めて国内・国外から半々の研究者を十数名招聘し、一週間から一〇日間合宿しながら討論をするものである。これまでのその成果は、出版物でも発表されているが、ある期間寝食を共にすることによって国際的、学際的な研究グループのコミュニケーションが深まることへの期待と評価が高い。

じつは、かくいう私も、そのシンポジウムに参加したことがあり、谷口さんのこの面での思想を比較的理解しやすい立場にあるのである。

谷口さんの姿勢は、まことに見事である。

シンポジウムの開期中、一度だけ晩餐会を開き、参加者を招くだけなのである。それ以外の顔だしや口だしは、一切しない。晩餐会での挨拶も、梅棹先生を信頼してお任せしているのだから、とへりくだって短い。

しかし、そうしたとき谷口さんの小柄な痩身がひときわ大きく見えるのである。

なるほど、これが旦那たるものか、と私はいたく感心したものだった。

佐伯勇は、谷口さんとの親交が深かった。

例の「大和屋」で、二人だけで食事ができる相手は、谷口さんをおいてはなかったほどだ。谷口さんは、泰然として穏やかである。つまり、旦那の顔とふるまいが板についているのだ。その谷口さんから佐伯が学ぶことは、かぎりなく多かったであろう。

財界活動はじまる

昭和二七年（一九五二）　財団法人大和文華館理事長
昭和三九年（一九六四）　財団法人文楽協会理事長
昭和四四年（一九六九）　京都市文化観光資源保護財団理事長

昭和四七年（一九七二）　大阪緑化委員会委員長
昭和五〇年（一九七五）　学校法人帝塚山学園理事長
昭和五六年（一九八一）　財団法人佐伯記念育英会理事長
昭和五八年（一九八三）　財団法人飛鳥保存財団理事長

佐伯の文化事業へのかかわりで、おもなものをあげてみた。もちろん、なかには名誉職といってよいものもある。が、彼が語っているように、文楽協会や飛鳥保存財団などには相応の情熱をもってとりくんでいるのである。

ここで注目すべきは、昭和四〇年代の後半から文化活動へのかかわりあいが増えてゆくことである。ということは、近鉄本社をはじめ多くの近鉄系の会社の社長を退いて会長となったころからなのである。

つまり、社長時代というのは、鴻池家の「家訓」にしたがえば、まだ余力のない時代ということになる。あたりまえのことながら、事業欲が先行する。また、直接の経営責任があり、時間的なゆとりもない。旦那になるのは、まだ早いのである。

会長になって、その余裕をもってはじめて一企業の利益だけでなく、社会全体がみわたせるようになるのであろう。そのとき、ふつうの人たちであれば退職して、個人的には手芸とか盆栽とかの趣味を楽しむことになるのであろうし、さまざまなボランティア活動に励むことになるのであろう。その、いうなれば人生の通過原理は、誰もが共有するものである。

ただ、佐伯の場合は、なお多忙であった。すでに玄人はだしの芸となっていた清元を楽しみ、それに関連して文楽の活性化に尽くすだけではすまなかった。

一方で、佐伯は、財界活動を深めていったのである。そうせざるをえなかった、というべきか。それも、企業経営者としてはなるべくしてなる通過原理というものだろう。

昭和四六年三月、佐伯勇は、大阪商工会議所の会頭に推挙された。佐伯六八歳、まだ近鉄社長の時代であった。

この年、日米間で沖縄返還協定が調印された。

また、輸出が好調で、とくに対米貿易収支が二五億一七〇〇万ドルの大幅出超を記録、いわゆる貿易摩擦が生じることになった。

もはや戦後ではない——日本の経済界は、大いに活気づいていた。

大商前会頭は、市川忍氏（当時、丸紅飯田会長）、その前の会頭は、小田原大造氏（当時、久保田鉄工社長）であった。その二人の会頭のもとで、佐伯は副会頭をつとめた実績があり、佐伯がそのあと会頭になるのは衆目の認めるところであった。

中島凡夫さんは、佐伯が大商副会頭のころは副会頭付きの、佐伯が会頭になってからは会頭付きの秘書をつとめているので、財界人佐伯をよく知る人のひとりである。

「はじめは、佐伯さんという人を誤解していました。

小田原会頭のときやったんですが、会議所のビルを建てることになり、当時副会頭の佐伯さんが建設委員長で、私は、佐伯さんの指示で忙しく走りまわってました。土地は、府から払いさげてもらうということで、局長の岸昌さん（のちの大阪府知事）を相手に何度も交渉して、やっと二億五九八〇万円で決めてきた。佐伯さんに報告したら、ようやった、といわれたんでほっとしたのも一日だけ。次の日の正・副会頭会議で決めてもらえるもん、と思うていたら、もっと安うしてもらえ、ですわ。朝令暮改もいいとこやし、正直なところ、こんな人のもとではやってはおれん、と思いました。

ええ、また岸さんに頭を下げて、端数の九八〇万円を切ってもらったんです。それからしばらくして、それも小田原さんの引退の花道づくりやった、とわかったんです。佐伯さんは、私が苦労してまとめた金額はふつうの三分の一、ということを知ってて、何もいわんで会議にかけた。そら、小田原さんは、も少しまからんもんか、といいますわ。それを、佐伯さんが、何とかやらせてみましょう、というて引きさがる。すると、それで何ぼ安うなったかという金額やのうて、会頭は会員の負担を少のうするために頑張ったということで、小田原さんの男があがりますわなあ。

そこまでは、私には読めませんでしたわ。佐伯さんは、終始一言も説明せん。そういう人なんですなあ。参りましたわ。そこから、私は、この人のために働くんやったらまちがいない、と悟ったんです」

佐伯は、その意味ではシャイな男のままであった。人の世話をしてやった、とはけっしていわなかった。面倒をみてやった、という顔さえもしなかった。

「出てゆくところには出ていって頭も下げる、という責任感も強い人でした。建設費が足らんで私らが気をもんでると、金はどや、大丈夫か、と聞いてくれました。それで、ちょっと口ごもっていると、足りとんか足りとらんのかはっきりせえ、とピシャ。五〇〇〇万ほど足りません、と答えると、そんなら市長に会いにゆこう、といってすぐ行動です。市長に会い、議長に会い、丁寧に陳情をして、五〇〇〇万円の補助金を引きだしてくれました。そら、見事なもんでしたよ。

それでも、まだ足りんで、また五〇〇〇万円ほど足りません、と泣きつきました。そしたら、会社やったらこんな甘うはないぞ、とニヤッとされたんですが、私は、背中に汗びっしょりですわ。それでも、工面してくれはりました。大林さん（大林組社長）を呼んで、すまんが儂《わし》があずかるから五〇〇〇万円出精値引きしてもらえんやろか、ですわ。出世払いやなく、出精値引きですよ。これには、びっくりしましたわ。大林さんも、さすがに顔色をかえはったが、佐伯さんが、このとおりです、ときちっと頭を下げたら、わかりました、といわれたんです。

お二人とも、えらい貫禄でしたなあ。ああいうスケールの経営者は、もうでてこんかもしれませんなあ……」

こうして晩年の佐伯の財界活動がはじまるのである。

訪中団団長として

大阪商工会議所会頭としての佐伯勇の最初の大役は、関西財界の訪中団の組織化と、その団長として民間外交を果たすことであった。

むろん、政府間の国交が回復する以前のことである。ただ、その年（昭和四六年）三月に中国卓球選手団の来日を契機として、いわゆるピンポン外交が展開され、中国に対しての関心は日ましに高まってきてはいた。それに、七月にはアメリカのニクソン大統領の訪中表明もだされ、国際情勢のなかでも対中国問題は、にわかに注目をあびだしていた。

その意味で、関西財界のトップクラスで構成される訪中団は、国交正常化の足がかりをつくるべく日本にとっての重要なプロジェクトであった。当然、政府筋との内々の意見交換があってのことで、そのあたりは、当時関西経済連合会（関経連）の副会長であった日向方斉さん（住友金属会長）がすでに通じていた。

日向方斉『私の履歴書』によると、以下のような経緯があった。

私が中国へのミッション派遣の機が熟したと考えるようになったのは、中国が四十五年、いわゆる「周四条件」として日中貿易に関し厳しい姿勢を打ち出した時である。（中略）

四十六年に入って日本国際貿易促進協会関西本部からも訪中の打診があり、いよいよ時機がきたと思った。私は関経連の副会長をしていたこともあって関経連を中心に団を編成したかったが、結局、関西経済同友会の代表幹事をしていた故山本弘君（元住友信託銀行社長）らに同調を呼びかけて、関西経済界を網羅して行くことになった。（中略）

私は佐伯さんを団長にくどき落とし、副団長は関経連副会長だった中司清さん（鐘淵化学工業名誉会長）にお願いした。

ということは、佐伯が関西財界の新しいリーダーとして周囲から認知された、ということである。が、もうひとつの理由は、日向さんもいっているように、日中間の貿易再開には、なお不安定な要素があり、直接そこに話題がからまないよう訪中団の構成を考慮しなくてはならなかったからであろう。つまり、貿易にはほとんど関係しない電鉄産業界の佐伯が団長になることで、それが政治的にも経済的にも中立の民間外交団となるのである。

たとえば、東京の財界では、なお訪中をためらう気風が強かった。そこにも、関西と関東の経営体質の違いがうかがえておもしろい。大阪のそれは、お上の顔色をうかがうことなく、商業原則と自己資本で世界を広げる進取の風《ふう》を育んできたのである。ということでは、この関西財界訪中団の実現は、大阪商人の面目躍如と評価されるべきであろう。

しかし、佐伯も慎重であった。

佐伯が大商会頭になってからの、その方面での秘書役は、というか官房長役は、もっぱら上山善紀さんが担当することになった。上山さんは、そのために業務局から秘書室に移されたようなものだった、とふりかえって苦笑する。

「たしかに、あれは、佐伯さんが会頭に就任した早々で、日向さんがわざわざ二、三度足を運んでくださって、訪中団を引き受けてくれ、といわれたんです。

佐伯さんは、渋りましたよ。国交回復をせなならん、という意義は十分わかってはいたんですが、それをなぜ関西財界から旗ふってやらななららんのか、といまひとつ釈然とせなんだんでしょうな。いつもは、やるかやらんか、そうしたときはパッパッと決める人が、あんなに渋るんはめずらしいことでしたなあ。無理もありませんよ、一近鉄のことでもないし、一大商のことでもないし、大げさにいうと国を背負うた責任ですから。

日向さんも、ずいぶん粘られましたよ。二人だけで一時間も、それ以上も話しこんでましたから。日向さんの熱意にほだされて渋々腰をあげた、というのがほんとでしょう。

でも、やると決めた以上、けっして迷わん人ですからな。会議所の正・副会頭会議をすぐ招集せよ、関経連と同友会からも事務局に人をだしてもらってすぐ準備を進めよ、と続けざまに指示がでました」

訪中が正式に決まると、周辺にさまざまな反応が生じた。そのひとつに、右翼の攻撃があった。

連日のように会議所の前に宣伝カーを乗りつけ、拡声器のボリュームをあげて軍歌を流し、訪中反対をアジるのであった。「売国奴佐伯勇」とも攻撃された。

そのうち、某団体の総長が佐伯に会見を求めてきた。

会議所秘書役だった中島凡夫さんがいう。

「女子職員なんて、おびえていましたからね。私らでも、気味が悪い。それでも、会頭を会わせるわけにもいかんので、何とか理由をつけて断わろうとしたんですが、あの人たちもメンツがあるから、何度でも要求してくる。とうとう佐伯さんの耳にも入ることになり、そうしたら、佐伯さんは、よし会おう、というんです。

心配でしたが、それなりの対策をたてて、ええ警察OBの人に頼んでひかえてもらったりして、会見を設営したんです。相手もそれなりの人で、きちんと羽織袴で正装して来ましたよ。会頭室には、向うが二人、こちらが二人。ええ、私が同席しました。

話は、穏やかに雑談からはいりました。私は、いつ相手が威丈高になるのか、とハラハラしていましたが、佐伯さんは、案外に平気な顔してましたわ。それで、相手が、ところで中国は、といいかけたらぐっと身を乗り出して手と目で言葉を制した。

儂は、商人や。軍国主義も共産主義もあらへん。商人には、そんな主義は要らん。そやけど、儂は、日本人や。というて、何と姿勢を正して、神武、綏靖、安寧、懿徳、孝昭……と、歴代の天皇をすごいスピードで一気に読みあげたんです。

相手も、もちろん私も、あっけにとられましたよ。そしたら、佐伯さんニヤッと笑って、どや、といいました。

それから、静かに、中国は隣の国で、二〇〇〇年も前から往き来してた相手やで。政治のからみはまだややこしいが、儂らはお互いに仲ようして足りないところを補いあうのが正道というもんやないか。というて、黙って頭を下げたんです。

もう、完全に佐伯さんの勝ちでした。相手も、恐れいりました、といさぎよく認めたんです。あの世界も、総長クラスになると、ひとかどの人物ですな。まあ元気に行ってきてください、とまでいって帰っていきましたよ。

いまとなっては、笑い話のようなもんですが……」


訪中団は、在阪経済五団体の正・副会頭クラス七名と国際貿易促進協会関西本部からの一名、それに随員や通訳を加えて二〇人で構成された。

昭和四六年（一九七一）九月一五日に大阪国際空港を出発、香港経由で中国に入り北京に一〇日、広州に二日滞在の日程であった。その間に、周恩来首相、李先念副首相などの要人たちと会談した。

「日本軍国主義に論争が及ぶところは、避けたいところでした。けど、佐伯さんは、それもしかたない、いまの日本の立場、とくにわれわれ経済人の不易の立場をわかってもらう努力をするしかない、と腹をくくっていたようです。

それは、日向さんなんかも同じで、まず、中国はひとつという認識のもとで平和五原則と政治三原則を尊重するという立場を明らかにしよう、といわれてましたから。そういうわれわれの姿勢は、先方でも好意的にとってくれた、と思いますよ。

周恩来首相にお会いしたときは、あなた方も余計な心配をしなくてよい、日本が独立国家として自衛力をもつことまで私たちは否定していない、とずいぶん思いきった発言がでてきたりしましてね。もちろん、国交正常化の布石として、あのメンバー構成は大成功でした。

佐伯さんはともかくですが、中司さんも日向さんも、どなたも明治生まれの清廉な一徹さがあって、むやみにペコペコするようなところがありませんでしたからね。人品の優れたあのメンバーだったからよかった、と思いますよ。

佐伯さんも、よく統率したもんです。ああいう人たちのあいだでは、けっしてですぎませんからねえ、神経も必要以上につかっていたようです。それが証拠に、周首相にお会いした夜は緊張がとけたのか、ホテルに帰って私らの溜り場になっていた佐治さん（佐治敬三サントリー社長）の秘書の平木さんの部屋で、通称サントリーバーといっていたんですが、そこでウィスキーを相当量飲みましてね、私が肩を貸して部屋に帰ったほどです。来てよかったなあ、来てよかったなあ、と盛んにいっていました。もちろん、それ以上に乱れたりはしませんが、次の朝てれくさそうに、どうやって部屋に帰ったのか覚えとらん、といってましたから……。

あんなにうれしそうに酒を飲んだのは、私も長いつきあいでしたが、あれがはじめてでした」
随行した上山善紀さんの回想である。
佐伯も、その印象を大阪商工会議所刊の『CHAMBER』（昭和四六年一〇・一一月号）に残している。

こんどの訪中は日中友好の礎石になるという目的は一応達成し得たと喜んでいる。大任を終えた私の胸中には、礼記の一節「礼は来往を尚《たっと》ぶ」が鮮烈に浮んでくる。いってよかった、見てきてよかったと心から信じている。従って、これからは両国間の「来往」をもっと盛んにする必要があるが、そのためには、何といっても日中の国交回復を軌道に乗せねばならない。このたびの貴重な訪中成果がやがて実を結ぶ日まで、微かながら更に一層の努力をつくすべく、私自身決意を新たにしているのである。

事実、佐伯は、その後、大阪中国展覧会協会会長（昭和四八年）、大阪府日本中国友好協会顧問（昭和五三年）、日中協会評議員（昭和五五年）などとして積極的に日中間の交流事業にとりくむことになるのである。

大商会頭の椅子

昭和五六年（一九八一）一一月、佐伯勇は、それまで三期一〇年間にわたってつとめてきた大阪商工会議所の会頭を辞することになった。

そのとき、関西財界を揺さぶる騒動がもちあがった。

三面記事風にいうと、次期会頭をめぐって佐伯派と反佐伯派が激しく対立したのである。一部から、佐伯は会頭の椅子に恋々、とか、引き際を汚す権力欲、とかいわれてこきおろされもした。

ことの起こりは、会頭改選期の一年ほど前から会議所内部で、一〇年以上の会頭在任は長すぎるので刷新人事を、という声が一部常議員のあいだにあがったことにある。それは、しごく当然の声ではあったが、まだ大勢には至っていなかった。そのとき、長谷川周重さん（当時、住友化学工業社長）の周辺で、いちはやく長谷川さんを次期会頭に擁立する動きが生じたのである。

それに対して、佐伯は、進退を明らかにしなかった。それがため、常議員のあいだにさまざまな憶測が飛びかようことになるのだが、佐伯も一存で進退を決めかねる状態に追いこまれていたのだ。

佐伯の周辺には、もう一期続投すべし、という声も根強くあったのである。

そうした意見をとりまとめる立場にあった上山善紀さんは、佐伯自身は辞めようという気もちになっていた、という。ところが、会議所内のいわゆる佐伯派は、東京を活動拠点としている長谷川さんを迎えるわけにはゆかない、と強く反対したのである。

当時、住友銀行相談役の浅井孝二さんは、会議所では副会頭のひとりであった。その浅井さんは、今年（平成四年）の二月に九一歳で他界されたが、昨秋まではお元気で、私の取材にもじつに矍鑠《かくしゃく》として丁寧な応対をなさった。メモをとらない私を頼りないと思われたのか、あとで事実関係を原稿用紙六枚に整理して送ってくださったほどである。

浅井さんは、それまで佐伯がいかに後継者づくりに心を配ってきたかを知っていただけに、佐伯に対しての非難には痛憤やるかたなかった、という。

「佐伯さんは、その三年前の昭和五三年の任期満了のときに身を引くつもりになっていらっしゃった。

それで、副会頭でもあった武田長兵衛さん（武田薬品会長）に後継を要請なすった。ところが、武田さんは、その任にあらずと辞退された。この話は、私が武田さんから直に聞いているので間違いありません。

それで佐伯さんは、続投なさったんだが、武田さんに次回は頼む、とまた要請されている。武田さんもそこまでみこまれると、むげに断わるわけにもいかなくなって、ごく親しい人だけに内々の相談をされた。ええ、私も相談受けて、その節はお受けになったがよかろう、と答えました。そこで、武田さんも覚悟を決められたんです。

ところが、五五年、武田さんは急逝された。驚きましたよ。佐伯さんも、力を落とされた。武田さんの後任副会頭には、安田博さん（大阪ガス社長）が選ばれました。安田さんも立派な方で、武田さん亡きあとはポスト佐伯の適任者、と私らはみていました。佐伯さんもそのつもりで、西山大阪ガス会長には内々にその話をしたそうです。でも、悪いことは二度続くというか、そのとおりで、五六年四月には、また安田さんが急逝された。

佐伯さんの苦悩がわかりますか。長男、次男を続けて失った親の気もちですよ。

引退しようにもできないですよ。とくに、佐伯さんは責任感の強い人で、あとは野となれ山となれ、ですますことができない。名誉への執着心なんかじゃあ、ありません。もっと大所高所からみて、佐伯さんは、苦しまれていたんですよ」

ここでも、佐伯は、関西財界の顔という立場にこだわったのであろう。それにふさわしい後継者のメドをつけるまでが会頭たるもののつとめ、という気もちが強かったに相違ない。

ここで辞める、とはいえなかった。

「佐伯さんが白羽の矢をたてた次の会頭候補は、サントリーの佐治敬三さん（現在、会頭）でした。ところが佐治さんは、関経連の副会長だったのでそのままではむつかしい。それで、佐伯さんは、関経連会長の日向方斉さんに会って、佐治さんの会議所への、いってみればトレードを頼まれたんです。佐治さんもその意をくんで、すぐ関経連副会長を辞任し、会議所の議員になる準備をはじめてくれました。

しかし、すぐに佐治さんを会頭にというわけにもいかず、少なくとも一期は副会頭をしてもらわなくてはならないので、佐伯さんがまたつながなくてはなるまい、ということになったのです。ええ、副会頭では私と越後正一さん、評議員では西岡義憲さんあたりの意見がまとまっていました。

それで、やっと佐伯さんの続投表明があったのです」

ところが、長谷川周重さんも立候補表明をしたばかりである。

一一月の総会での選挙は、必至であった。両陣営の抗争が日ましに激しくなってきた。やじ馬筋からは、「南北戦争」の再現か、と騒がれた。

南北戦争とは、それより前、昭和三五年一一月に会頭選をめぐって小田原派と土井派との対立、抗争の一件である。小田原大造氏を推す中小企業グループの多くがミナミを地盤とし、土井正治住友化学会長を推す大企業グループの多くがキタを地盤としていたことからそういわれたのである。奇しくも、昭和五六年のこのときも、佐伯の支持地盤がミナミで長谷川氏の支援地盤がキタであったことから、周辺部の記憶をよびおこすことになったのである。

調停も、はかどらなかった。

昭和五六年一一月二二日の『朝日新聞』では、「大商の三副会頭、調停を断念」と報じている。

しかし、世論の批判も日ましに強まっていった。

二十七日で満八十七歳を迎えた松下幸之助・松下電器産業相談役は、大阪府門真市の本社で、訪米から帰国後初めて記者会見、大阪商工会議所会頭の選出問題に触れ「社会党の党首を選ぶのと違って、大商会頭は話し合いで決めるのが筋だろう。大阪は商売どころ。（あんな抗争は）商売人のすることと違う」と、たしなめるように話した。（『朝日新聞』昭和五六年一一月二八日）

引きぎわの美学

そうしたなかで、佐伯は浅井さんを会頭室に呼んだ。

「自分は、辞めてよいと思うが」

と、いった。長谷川さんに個人的な感情をもって対立しているわけじゃあないし、世間に大商の恥をこれ以上さらすこともあるまい、といったそうだ。

「佐伯さんの顔を見ると、いい顔をされているんです。とげとげしさがなく、ちょっと悲しい風情があった。

私は、了解しました、と答えてしまいました。あの佐伯さんの顔を見たらそう答えざるをえなかったんだが、内心、しまった、とも思いました。私ら三人の副会頭が、調停不可能と記者会見したばかりでしたからね。それに、上山さんはじめ佐伯さんの側近の人たちは、意気盛んに票を集めに走りまわっていますでしょ。その人たちを一方的に落胆させるわけにもいきませんのでね、私は了解したけどしばらく黙っていてください、とお願いしたんです。

それで、佐伯さんの懐刀の上山さんにもいわないで、私ひとりで長谷川さんに連絡をとったのです。正確にいうと、長谷川陣営の中心的な人物だった村井さんに会って、双方が同時に降りる工面を相談したんです。ええ、長谷川さんの方も降りるに降りられない状態であることがわかっていましたので。

その工面が整ったところで、副会頭会議の決定で、両候補辞退、と公表したわけです。そのとき、長谷川さんもこの件はご了解なさいました、というと、佐伯さんは私の手を握って、ありがとう、といわれましたよ。うっすら涙を溜めて……。これが、巷間とやかくいわれたあの事件の真相です」

その結果、昭和五六年一一月の総会では、次期会頭の選任方法についての議論が三分し、投票により会頭一任ということになり、佐伯は、常議員のなかから古川進大和銀行頭取を指名したのである。その古川さんへの要請は、当日の朝、浅井さんが行なったのであった。

私は、浅井さんの話を聞いたあと、長谷川さんにも会った。

長谷川さんは、まことに威風堂々たる人で、とても策略を用いて取引きをはかるタイプの人ではないことが、私にも瞬時にわかった。この事件についても、おおらかな語りぶりであった。

「私も、佐伯さんに対立するつもりは、全然ありませんでした。まわりからはやしたてられて、気がついていたら神輿《みこし》の上に乗っかっていたんです。そうなると、応援者のメンツもあって私がどうにかできることではなくなってしまった。

じつは、あの騒ぎの最中にも、佐伯さんとは一度顔を合わせているんです。それで、お互いに、困ったことになりましたなあ、と苦笑いをしたんです。いい名目があって降りられるなら……、とまではいわなかったけど、お互いにその暗黙の了解もできていましたよ。

世間をお騒せしたことは申しわけなかったけど、佐伯さんと仲違《なかたが》いせずにすんだのはさいわいでした」

こうして落着した会頭選騒動であったが、その後、清水一行の企業小説『財界』のモデルともなり、なお広く残像を伝えることにもなったのである。

この事件ののち、佐伯は、村井八郎（当時、日東工業会長）、越後正一（当時、伊藤忠商事相談役）、浅井孝二の三副会頭を「大和屋」に招待して感謝の宴を設けた。

三副会頭のなかで、村井八郎さんは、長谷川支持にまわったいわくもあった。その村井さんが、しみじみと述懐したものである。

「ええ、私が長谷川陣営の参謀格であったことも事実です。もちろん、佐伯さんもよくご存知のこと。

でも、あの人は、えらかった。終ったら、さっぱりした顔をして、私にまで十分に礼を尽くしてくれた。下座にきちんと正座して、このたびのご迷惑だけやなくてこれまでもご面倒をおかけした、と畳に頭をつけんばかりに丁重に挨拶された。だから、私たちのあいだに、わだかまりは何も残ってませんのや。

やっぱり、人間というものは、ああいうところで値打ちがきまるもんですなあ」

その夜、「大和屋」のその座敷では、遅くまでにぎやかに笑い声がたえなかった、という。

佐伯も、久々に清元を熱演した。

エピローグ

昭和61年　自宅にて

花の世界の枯淡

ふたたび、舞台は、「大和屋」の一室である。

私は、女将の阪口純久《きく》さんと机をあいだに向いあっていた。うっとうしいですなあ、と純久さんが窓ごしに曇り空を見あげていった。梅雨どきの昼さがりであった。

純久さんは、めずらしく洋服姿である。ブラウスのうえにカーディガンを羽織り、スラックス姿。髪を無造作にうしろで束ねている。

「いまの時間、のんびりしているようでも、結構忙しんでっせ。調理場の仕込みも一応見なあきませんし、部屋のしつらえもひととおり見なあきませんわなあ。それで、私も髪を結わんならんし……」

その時間に訪ねた私をとがめるふうでもなかったが、私としては、すみません、と自分の無粋を反省せざるをえない。

「いや、よろしんです。今日は、予約のお座敷は少ないし。御大《おんたい》かて、こんな時間にぽっと来はることがあったんでっせ。いちばん最後に足を運んでもろうたのは、あれは、亡くなる前の年の夏でしたが、そのときも昼間に来はったんです。自動車に電話がついたときで、すぐかけてきはって、いまどこからかけてるかわかるか、と、えらいはしゃいではった。わかりますかいな、テレビ電話やあるまいし。そしたら、これから行くからなっ、て切られました。

そら、たいへんです。あわてて身づくろいせなあきませんし、出迎えないかんし。何しろ、これから行く、といわれると、あとはいわさんと、一〇分か一五分のうちに来はるんですから。

それでも、もうだいぶ体が弱ってはりましたから、あんまり食べられはらんし、お酒も口つける程度でしたわ。それで、おまん（饅頭）がないか、とか、氷あずきが食いたいな、ということになったんですわ」

ほとんどの人が、高齢になると、味覚が自然に幼児期の嗜好に戻る、という。

佐伯は、子どものころから甘いものが好きであった。とくに、氷菓子に目がなかった。それは、四国の農村に生まれ育った佐伯にとっては、もっともハイカラなハレの食べものであったに違いない。

佐伯は、このころ、いうなれば、子ども返りをしていたのであろう。

「へえ、そうなると、わがままいいはっても、かわいらしいわがままです。もう、ガンガン怒りはるような勢いはなくなってました。

あれ、いつごろからでしたかなあ。大商の会頭を辞めなはってから、しばらくして、とくに奥さんが入院しはったころから、急に弱ってきはったようです。

それまで、私らに対しても、けっして弱音ははきはれへんかったんですが、いちどだけえらい肩落として、寂しそうにしはりましてなあ。儂《わし》も終りかなあ、といわれますんや。やっぱり御大と同年配の関西の財界でのひとかどのお方が、突然お辞めになった直後のことでした。御大もわが身におきかえて、弱気になりはったんです。

私、きつういうたんです。なにいうてはりまんや、そら他《よそ》の会社のことで、あんさんのとこは心配いりませんが、と……」

昭和六〇年代、佐伯が八〇歳になるころ、佐伯の心中では「引退」という二文字がときに迷走するようになったのではないか。そう想像することは、当然許されよう。が、佐伯は、それをさほど深刻なものとして表わさなかった。

公的な立場での顔をつくる。そして、それを崩さない——という、これまで述べてきた佐伯の描いた経営者像とその処世の流儀は、もはや演技でもなく、まして虚勢でもなく、身についた自然体というものである。たとえ、その内側にいかに動揺があろうとも、他人が読みとれるものでもあるまい。

ただ、大和屋の女将をはじめ、ごくかぎられた佐伯が身内とした人たちに対して、その不安を隠しきれずにふと言葉でもらしたのは、そうせざるをえなかったのは、年齢のせいなのであろうか。

そのときの近鉄社長は、上山善紀さんであった。佐伯の、いうなれば子飼いの役員のなかで、片腕として信頼をおいてきた人である。その上山さんに対しても、目ざわりになってきたら切ってくれ、という意味の言葉をかけている。

もちろん、上山さんは、一笑に付したそうだが、やがて別れがあることを実感した、ともいう。佐伯の身体《からだ》は、二〇年来の持病となっていた糖尿病の悪化で、歩行には杖を必要とするほどに弱っていた。


「辛気くさい話、もうやめましょ、楽しい話がよろしいが。そら、身体は弱りはっても、気分も弱りはっても、楽しい話はあったんですで。

私、御大のお供でよう旅行しました。

違いまっせ。色恋ぬきでっせ。どこへ行くのもワンセット。というのは、マージャンのメンバーで、店の高見と雪春が一緒でした。

私は、御大の外の娘のようなもんですわ。

八〇（歳）にもならはると、お風呂に入るのも介添えしてあげんとかわいそうですがな。へえ、恥しいも何も、大将のあれはもう役にたちませんわ。年齢というよりも、あれは糖尿のせいですな。こうなったらおしまいやな、と御大も苦笑いしながら背中を流させてくれはりましたわ」

以前の佐伯は、風呂場をのぞかれるのをひどく嫌ったそうである。純久さんだけでなく、名古屋の翠芳苑の平林佐知子さんも、他意なくのぞいてしかられた経験をもっている。

風呂場は、佐伯が好きな空間のひとつであった。時間をかけて湯舟につかり、清元の一節を唄う。あるいは、ときに浪曲をうなる。それから、洗い場でひとしきり体をひねったり曲げたりして体操をする。我流の柔軟体操である。また湯舟につかり、流し湯をつかう。そのあと素っ裸のまま自然に体が乾くのを待ちながら、化粧水を顔や体につけるのである。

大和屋の女将をはじめ身近な女性たちの断片的な話を聞き集めてつないでみると、どうやら、そうした一連の動作が習慣化していたらしい。

「役たたずの続きで、おもしろい話がありますすんでっせ。

ある集まりがありましてなあ、松下さん（松下幸之助、当時の松下電器会長）と御大がいちばん上座ですわ。芸者さんが入って宴会がはじまって、しばらくして、何かの拍子にぴたっと会場が静かになったんです。

皆の視線が上座に集まったんですわ。松下さんと御大が、向きあうようにして楽しそうに話をしてはるんです。二人とも耳が遠くなりなはってて、お互いに、えっ、えっ、と耳に手をあてて時どき聞き直しはるのを、皆が黙ったついでに注目したんです。

御大が、松下さん、あんた何ぼまでできました、と聞いてはりました。えっ、と松下さんが聞き直しはると、御大が声を大きくして、あんた何ぼまでできました、って。松下さんが、そやな、七二（歳）までやったな、と答えはる。えっ。七二や。こんな調子です。

皆、もう、しーんとしてしまいましたが。お二人は、まるでお構いなしです。

そしたら、御大が、ふー、とため息をついて、そらよかったですなあ。わては、六四（歳）で打ちどめですわ、人生を何年も損しましたなあ、と、ほんまに悲しそうにいいはったんです。

笑うに笑えませんで、笑いをこらえて聞いたもんですわ」

純久さんは、身ぶり手ぶりを交えて、開けっぴろげに語るのである。

私のほうが、そんなことまで話して構わないんですか、と案じるほどであった。

「かましませんわ。これが、おっさんへの供養になるかもしれんし。適当に取捨選択してくれはったら、ええんです」

と、まるで意に介するふうもない。自分について、佐伯と自分について、そして商売についても、よほど自信がないことにはそこまで開き直れるものではあるまい。

花街とは、摩訶不思議な世界である。

何が不思議かといえば、虚構のなかに真実があり真相があるからである。いってみれば議事堂をもたない議会が可能であり、教室をもたない授業が可能なのである。ただの社交界ではないのだ。

そこに、こうした女傑が棲んでいるのだ。

企業のさまざまな顔

花街とは、一般には三業地といわれた街区である。料亭、置屋（芸妓置屋）、待合《まちあい》という三種の接客業が互いに連携しながら、いわゆる旦那衆をもてなした盛り場であった。

成立は、江戸の中期である。ということは、町人文化の勃興に関連してのことで、先の例でいうと庶民の旅の隆盛と同じように、市中での旦那衆の遊興も盛んになったのである。それは、商家が「家訓」で禁じるほどであった。

明治以降、その花街を支えてきたのは、政界と財界、といっても過言ではあるまい。

時代ごとに、客筋が少しずつかわっている。財界でいうと、業種の景気、不景気が反映する、というべきであろう。

たとえば、昭和三〇年代のミナミでの上客は、紡績関係の客であった、という。いわゆる糸へん景気にのって、連日のようにその筋の宴会が大和屋でも花外楼、つる家でも開かれていた。とくに、大阪には紡績関係の会社や商店が多く、日本の糸へん景気は大阪が主導しているといってよいほどにミナミもにぎわっていたのである。

それに少し遅れて、金へん景気が生じる。が、鉄鋼産業の中心は大阪になく、東京や北九州の花街がにぎわうことになった。

昭和四〇年代の高度経済成長期になると、まず、建築・土木・不動産業界が活気づいた。一般の消費力も拡大、自動車業界や百貨店業界も活気づくことになった。そして、そうしたときには、金融業界も当然活況を呈することになる。花街の客筋も、かわった。

しかし、昭和四〇年代から、花街はしだいにさびれてゆく。今日では、その跡かたさえないところも少なくない。

それには、昭和三二年（一九五七）の税法改正の影響が大きかった。交際費が厳しく制限されることになり、芸者衆をあげて連日宴会を開くような余裕が企業社会になくなったのである。もうひとつに、花街のさまざまなしきたりも、新興の業界の若い経営者層にはなじまなかった。彼らは、手っとり早くクラブやキャバレーにくりだすことになったのである。

時代の趨勢《すうせい》というものであった。

大和屋の女将阪口純久さんは、佐伯さんのことはともかく他のお客さまのことは立場上いいたくないが、とことわりながら、次のことだけは明らかにしてくれた。

「時代ごとに、たしかにお客さまの筋がかわっていくものでっせ。近鉄さんは、地味ですわ。そら、よう使うてはもらってますが、地味ですわ。そら、あたりまえですわなあ。電鉄会社さんは、時代によって景気がどうのこうのということがないでっしゃろ。毎日、切符代が決まったようにあがるだけで、景気によって大盤ぶるまいができるとことはちがいますやろ。

企業の体質というのも、こういう商売には影響がありますわなあ」

私は、これまで東京と大阪の経営的な風土の違いに目を向けすぎてきたのかもしれない。そのことが、経営者としての佐伯の人間形成に大きな作業を及ぼした、と考えたからである。もちろん、的はずれではなかっただろう。谷口豊三郎さんが佐伯を評して、大阪人になるべく努力をした、といったとおりである。

ところが、もう一方に、企業風土ともいえる企業体質というものがある。これもまた、佐伯の人間形成に何らかの作用を及ぼした、としなくてはなるまい。

佐伯勇をよく知る人たちは、「小心」といえるほどに慎重であった、と評した。それも、政治的工作をしたり時代の波にのって一攫千金はねらうべくもない、電鉄産業という半分は公的な企業体質があってのことだったかもしれない。少なくとも、日々の乗客の運賃が基本財源となる電鉄会社には、投機的、賭博的な経営法はふさわしくないのである。

近鉄が地味、ということは、佐伯も堅実にならざるをえなかったはずで、それが近鉄の顔としてふさわしかったのであろう。もっとも、そうした枠のなかで自己を演出するのは個人的な能力というものであって、そのところにおいては、佐伯は十分に個性的であった、というべきなのであろう。

私は、料亭の一室で、料理も酒もない卓をはさんで、女将と電鉄産業の体質について語りあっている。井戸端の会話に等しい楽しさがある。

肴は、佐伯勇である。肴は、ときに「御大」と、ときに「おっさん」と呼ばれる。

「まあ、そうでっしゃろけど、もっというてしまうと、近鉄という会社の体質と御大のもって生まれた性格がうまいこと合うた、ということとちがいますやろか。

御大は、みようによったら、ケチだったのかもしれません。大阪でのお金のつかい方は、生き金とか死に金とかいいますが、生き金のつかい方が上手なお方でしたなあ。そら大阪人というてもえ、と思います」

私が仕込んだ、とは、もちろん純久さんはいわなかった。

だが、大阪の財界筋、つまり旦那衆との花街でのつきあいの法は、彼女が佐伯に指南したということは、知る人ぞ識る。くだんの谷口豊三郎さんも、女将がいたんで佐伯さんはつきあい上手ができた、と証言する。

とくに佐伯は、その世界での金銭管理をすべて彼女に委ねていた。

「そうですな、小茶屋さんと大茶屋さんの遊び方はちがいますわな。御大も、ウチへ来はるまでは小茶屋さんばかりに行ってはったようで、ここは財布を預けたほうがいい、と判断されたんとちがいますすか。

近ごろは、個人のお金を払っていくお客さんは、もうめずらしいことです。あの御大の場合、ほんまにきっちりしてはったんです。

谷口さんや永野さん（永野重雄＝元日本商工会議所会頭）と遊ぶときも、これは儂個人の時間や、今日のは儂のほうやで、というて必ず区分けしてはりました。

芸者さんへの心づけなんかは、私がみんな預かったお金から用意したんです。

お金は、ボーナス相当を預かってた、と思います。へえ、お金のことは、谷さんに相談して、谷さんから届けてもろうてたんです」

立つ鳥の残したもの

方向音痴、味覚音痴、そして金銭音痴と、佐伯を評するときに、「音痴」という言葉をつかった人が少なくない。

もちろん、それは生来のものではない。とくに、金銭については、結構細かく計算していたふしもある。少なくとも、計画性のない浪費家ではなかった。

彼は、金銭音痴になっておくのがよい、とあるとき悟ったのであろう。公的な立場や顔を重んじる彼ならではのこと、と私は、ほぼ確信をもって想像する。財布を預けてしまえば、金銭的なトラブルにまきこまれることはないではないか。そこが、彼の賢いところであった、としよう。

そのとき、財布を預けるに足りる相手がいたことが、彼の幸せであった。

阪口純久さんがいう谷さんとは、谷信和さん（現在、近鉄副社長）である。

小柄で痩身、いかにも実直な人である。ほとんど経理畑一筋に歩いてきた。

「いや、昭和三五年から三六年の約一年間だけ出納課長兼務で秘書課長を命じられました。いまから考えてみたら、佐伯さんに試験をされてたんやないか、とも思います。

それで、まあ財布をお預かりすることになったんです。儂の金を管理してくれんか、と最初は軽い調子やったですね。それも秘書の役目かとも思ってお預かりしたんですが、一年して経理局にもどるようになったときお返ししようとしたら、それはおまえがもっていってくれ、といわれて、それからあとずっとそのままでした。

資産の管理、自社株の購入、それから月々の私用のお金の出入り、いつの間にか全部みることになりました。ええ、帳簿つけも全部です。まさか、会社ではできませんからね、自分の家にもち帰ってすることになるんです。厄介でしたが、他人さまのお金ですからね、きちんとしておかなくてはなりません。

何度か、もう勘弁してほしい、とお断わりもしたんですが、引かせてはもらえませんでした。とうとう、遺産の処分まで私がお手伝いをすることになりまして……。

そのかわり、私のやり方については、何もいわれなかったです。月々に収支決算表をつくって報告したんですが、ああそれでいい、といわれるだけでした。その点は、やりやすかったです。

たしかに、大和屋さんへの支払いも、私からしました。だいたい、盆暮れにまとまった額を女将に渡しておくんです。あとは必要に応じてですが、あの女将も意地っぱりですから、もちだしにもなったでしょうが、足りないと泣きこんでくるようなことはなかったですね」

谷さんも、河内長野の旧家の生まれである。谷さんも、といったのは、今里英三さんをダブらせてみてのことである。

今里さんについては、「独裁すれど独断せず」の章で紹介した。佐伯が事業をすすめるにあたってのよい女房役であった。その今里さんの経理畑での役を、谷さんがそっくり継ぐかたちで今日に至っているのである。

その今里さんと谷さんは、体軀、人柄、それに生家の環境までが、まことによく似ている。そして、その二人に対して、佐伯は絶対の信頼をよせていたのである。

佐伯の家族も、谷さんを信頼した。

「私が遺産を整理して、配分はこうして、相続税はこうしたらよろしかろう、と申しあげたら、奥さまも、ご長男の幸男さんも娘さんたちも、皆さんが結構です、と一言で納得されました。こんな、うれしいことはなかったですねえ。財布を預かっててよかった、と思いましたよ。それはそうと、最後に妙なことがありましてねえ。

佐伯さんが最後に出社されたのは八月二四日で、お亡くなりになる一カ月半前なんですが、そのときは、会長室の金庫がきれいに片づいていたんです。その前、七月に見たときは、何やかやでぐちゃぐちゃな状態でしたからね。ご自分で片づけられたんですねえ。私が知らないんだから、誰も手伝ってはないはずです。

それで、その金庫に入っていた三〇〇万円ほど、これは関係会社の役員報酬で現金で支払われていたものですがね、それを私に渡されて、もうつかうこともないやろから処分してくれ、といわれたんです。

何と答えていいか、一瞬困りましたよ。わかりました、といってお預かりしたんですが、あれは、明らかにご自分の最期を予感なさったんでしょうねえ。

立つ鳥あとを濁さずといいますが、立派な最期でした」

佐伯の死は、病死であった。

平成元年（一九八九）一〇月五日、大阪大学医学部付属病院で肝不全のために逝った。

しかし、谷さんの話を聞いていると、その死さえ佐伯の演出ではなかったのか、と思えてならない。

佐伯は、彼の「美学」を貫いて逝った。

自宅の机の中も、見事に整理されていた、という。

自筆のメモ一枚も残っていなかった。

ただ、一通の色あせた封書がぽつんと残されていた。

表書きは、「大阪電気軌道株式会社秘書課佐伯勇殿」。

消印は、昭和一六年二月二六日。差出人は、中司観相学院。

「親展」の赤インキだけが妙に生々しい。

その中味は、運勢鑑定であった。

文面が仰々しい割に内容はありきたりのところがあるが、興味をひくのは、いくつかの項目の頭に万年筆で記した小さなマークがついていることである。佐伯がつけたであろうことは、いうまでもない。

一、職業。現職ハ大ニ適良ニシテ、将来、尚、数階級ヲ上ル。（後略）

一、将来、絶体ニ転職を禁ス。若シ、転職、転住等屢々浮沈ヲ喫スル時ハ、生命ヲ損スルノ憂アリ。

一、社ノ為メニ努力シ、功績アリ。賞ヲ受ク。技倆ヲ現ハシ信ヲ厚クス、卓見アリテ敬ヲ取ル。(中略)上司ヨリ見込レ、抜擢ヲ授ク。

一、将来、口禍難アリ。(中略)依ツテ、極力、謹言、寡黙ヲ旨トシ、必要ナキ事ニ言及セサル様スヘシ。

旧版あとがき

民俗学の調査方法のひとつに、「聞きとり」がある。「聞き書き」ともいう。そして、調査項目のひとつに、「人の一生」がある。いいかえれば、ライフヒストリー。もっとも、民俗学は、柳田国男からはじまる若い学問であり、調査・研究の方法が体系化されているとはいえないところがある。が、右のライフヒストリーの聞き書きは、民俗調査報告書の類《たぐい》の多くに所収されていることでもある。

しかし、他人《ひと》さまの人生を聞きとることは、そう簡単にできることではない。とくに、時間をかぎってことを急《せ》くと、アンケート用紙に回答をもらうのとかわらない結果となる。どだい、他人さまの人生に踏みこむこと自体に無理があるのだ。身内にさえ話さないことがあるのが、それぞれの人生というものなのである。それに、しばしば言葉をもってとりつくろったり飾ったりしたくなるのも、また人生なのであろう。話し手と聞き手のあいだに信頼関係がないことには、ライフヒストリーの聞き書きなどできるものではないのである。

そこで、報告書の類ではとおりいっぺんの人生談にページをさくことになる。もちろん、そこでは、ある時代のある地方の平均的な人生の過し方を記録することに意義があるとするので、労働や儀礼に関係あるいくつかのポイントが引きだせればいいのであろう。だが、話は当然、それ以外のところにも流れているはずなのである。報告書へのレポートはともかくとして、たとえば、そこからさらに別編のノンフィクションものが展開しないとは不思議なこと、といわなくてはならない。それは、民俗学者の怠慢というしかないだろう。

と、文字に表わしたほどの不満や批判があるわけでもない。ただ、私は、これまでの民俗調査のうえで出会った人のなかで、これと思った人の人生とその周辺を追跡して、ある程度ものになったと思えたところで、ささやかながらも著作としてきた。というか、その人の仕事ぶりや処世の術を通じて、背景の時代性や地域性を知るのに興味をもってきた。しかし、それは、いかにも時間と根気の要る作業である。途中でやめになった例もある。

結局は、双方の相性があって、つきつめてみると、相手の魂が当方の筆に乗りうつったような状態にならないことには書けるものではないのである。ライフヒストリーの聞き書きは、いうなれば、話し手と聞き手の共同作業にほかならないのだ。それも、ときに格闘であったり、ときに恋愛であったりするような共同作業なのである。

それでも、相手が生存している場合は、まだよい。本書でとりあげた「佐伯勇」の場合は、話を聞きたしかめようにも、ものいわぬ人なのである。故人の評伝を書くことは、私にとっては初の体験であった。

らである。

それに挑戦してみようと思ったのは、数年来、大阪の商人社会に関心をもつようになっていたか

これまで私は、行商人の世界に興味をもってきた。とくに、テキヤ衆とのつきあいが長く、そのいきさつは本シリーズの初作『わんちゃ利兵衛の旅』で触れている。テキヤは、香具師《やし》ともいう。そして、その語源は、野士とか薬師にある。かつて、交通が未発達なころ、旅商いをしようとすれば、生薬《しょうやく》がもっとも有利な商品であった。持ち運びが便利で、往く先々で補充もでき、付帯価値も高い。それを話術や手品を加えて売り歩いたのが、ヤシなのである。

そのヤシが定着して薬品の製造販売をしだしたところが、たとえば大阪の道修町《どしょうまち》（東区）のあたりではないか。そのひとつの証拠は、道修町の薬品会社や薬品問屋が祀る少彦名《すくなひこな》神社の祭神が「神農」なのである。そしてヤシ・テキヤ衆が崇めるのもまた神農であり、テキヤ社会の規範を神農道としているのである。

それはともかくとして、私は、道修町の商人の誰かを主人公にして大阪の商人社会を描いてみたい、と密かに思っていた。それが、まだ緒につかないでいるところに、近鉄の足立伸之助さん（広報部長）から、佐伯勇を書いてみないか、という声がかかったのである。足立さんとは、かつて伊勢・志摩リゾート開発問題の研究会で共同調査をしたこともあり、気心はそれなりに通じるところはある。ただ、企業サイドから注文をつけられながら作業をするのは、ご免こうむりたい。だが、近鉄からの口だしは一切ないし、資料はいかようにも提供する、と足立さんは熱心であった。

そして、社内で佐伯勇をもっともよく知るひとりという山口昌紀さん（広報室長）を紹介してくれた。山口さんも、自分の知っていることは何でも話す、と熱心であった。

そのとき、昼食をとりながら、ついつい野球講談に花が咲くことになった。山口さんとは、えらく話が合った。

私は、野球好きで、それも根っからの近鉄バファローズ・ファンであった。「佐伯勇とバファローズ」は、魅力的なテーマに思えた。これも何かの機縁、と思いきった。

対象が故人であることも、企業社会であることも、さほどこだわることでもあるまい、と思った。さいわいに、故人をよく知る人たちは多いし、印象もまだ鮮明なはずであった。それに、企業社会は、現代の民衆社会と置きかえることもできよう。従来のような民俗学的な聞き書きを試みることができるはず、と思えるようになった。

案ずるところは、近鉄の関係者は、組織上の遠慮があって口を閉ざすところがあるのではないか、ということであった。それは、ある程度しかたのないこと、とも覚悟していた。しかし、案ずるより生むが易し。ほとんどの人が、じつに開けっぴろげにそれぞれの佐伯との共時体験を語ってくれたのである。緘口令ならぬ軽口令がしかれているのではないか、と不思議に思えたほどだ。

私は、そのたびに、嗚呼これが大阪か、これが大阪人か、と驚いたり感心したりしたものだった。一言でいうと、権力に対する遠慮が薄いのである。役職のうえでの上下関係はあっても、人間関係は平ったいところがある。たとえば、多くの人が回想のなかで「佐伯さん、」とか「大将」とか、あげくは「おっさん」とかいって、楽しげに語ってくれるのである。――それは、ひとつ近鉄の社風にかぎったことでなく、大阪という商業都市のなせる伝統、と思えた。それは、知らず識らずのうちに政治都市東京の風土に染まりかけていた私にとって、新鮮な発見であった。

そこで、「経営の風土（学）」というテーマが浮かびあがってきたのである。

大阪に何度足を運んだことか。それにつけ、何人もの人を何度わずらわせたことか。それでもまだ、私がどれほど佐伯勇に近づいているのか、自信がもてなかった。むしろ、泥沼に陥る不安があった。

そんなとき、一通の手紙をもらった。差出人は、中山太郎氏。文字がふるえてぎこちなく、素人眼にも左手で書いたもの、と思えた。該当する住所はなく、したがって、その名も仮名としなくてはならない。

内容は、佐伯勇の私的な、というか秘密裏の行動に触れており、「民俗学者の先生がどんな佐伯勇伝を書かれるか、期待しています」と結んであった。私は、それを卑劣な挑戦、とは受けとらなかった。人それぞれに立場があり、意見がある。この中山氏も、多くの話し手と私の共同作業に参加したかったに相違ない。

むしろ、私にはうれしい手紙であった。それは、私の佐伯を追跡する作業がだいぶ核心に迫ってきているように思えてきたからである。手紙の内容について、私は、すでに調査済みであったのだ。

私は、このとき、佐伯勇を書く資格ができた、と思った。知ってて書かない、その選択ができるようになったときが他人さまのプライバシーを書くことが許されるときだろう、と思いきれたのである。

ただ最後まで、ご家族の扱いをどうしたものか、悩んだ。

佐伯をみとってから間もなく、まるでそれが佐伯との約束であったかのように千代子夫人も永眠された。夫人から話を聞きとりえなかったのは、私にとっては残念なことであったが、長男の幸男さんとその夫人のくみさん、長女の辻本和子さん、次女の中村友子さん、三女の国分公子さん、それぞれが私の取材に快く応じてくださった。その結果、佐伯は、ごくふつうのよき家庭人であった、ということが感じられた。とくに、娘さんたちにとっては、もちろんこの上なくやさしい父親であったようだ。

しかし、そうしたご家族の想いは、まだ浄化されたものではない。それぞれが、なお熱く想いつづけるものであろう。死者が家族のなかで匿名化するのは、つまり成仏するのは、仏教的な常識からすると、回忌を何度か重ねてからのちのことである。それまでは、そこに他人が触れないほうがよかろう、と思ってこの部分は割愛することにした。

なお、故村野藤吾氏設計による奈良市登美ケ丘の佐伯邸は、このほど近鉄が買いとり、財団法人「松伯美術館」として整備、公開されることになった。日本画家の上村松園、松篁、淳之の三代の作品展示を中心に、来年開館の予定である。

本書に実名でご登場願った方は、かぎられている。それ以外の方にも多大なご協力をいただいた。

巻末にまとめてお名前を掲げることで失礼するが、心からお礼を申しあげたい。

とくに、山口昌紀さんをはじめとする近鉄秘書室の皆さんには、何かとお世話になった。

なお、本書編集は、河出書房新社の三村泰一氏にお手をわずらわせた。あわせて感謝の意を表したい。

平成四年盛夏

神崎宣武

新版あとがき

本書を上梓したのが平成四（一九九二）年であるから、もう四半世紀が過ぎたことになる。

佐伯勇の近いところにあって、その人となりや仕事ぶりを述懐してくださった人たちが、本書に実名でご登場いただいた方たちだけで二七人になる。いま、読み返しながら、その方々のお顔やお声がなつかしく思いだされる。

しかし、その方たちの大半は、すでに鬼籍に入られている。この復刻版をご報告することはかなわない。

山口昌紀さん（一九三六〜二〇一七年）も、昨年（平成二九年）の一二月八日に逝去された。ちょうど、一年前のことになる。

山口さんは、佐伯勇の秘書を長くつとめた。昭和四七（一九七二）年、秘書室秘書部課長。昭和五二（一九七七）年、秘書室秘書部長。とくに、佐伯勇が取締役相談役名誉会長（昭和六二＝一九八七年）になるまでの一四年間は、側近中の側近として秘書役をつとめた。

平成元（一九八九）年、佐伯勇逝去。

その後、山口さんは、平成三（一九九一）年に取締役。平成九（一九九七）年、代表取締役専務。平成一五（二〇〇三）年には、近畿日本鉄道代表取締役社長に就任。平成一九年、代表取締役会長。亡くなった時は、相談役であった。

山口さんは、どういう立場になっても、私には平らにつきあってくれた。そう、本書を書くにあたって、「自分の知るかぎりのことは何でも話すし、誰彼を紹介しろといわれたらそのとおりにする」と約束してくれた、そのときのままに交誼を続けてくれた。

そうしたつきあいのなかで、時どきに、たびたびに、佐伯勇の話題もでた。おおむね私の知るところであったが、新たな話もでてきた。なんで話してくれなかったのか、と問い直すと、「あのときは、思いだしませんでしたわ」。そうした山口さんの佐伯勇に対する思いは、もちろん私より深く強いものがある。

山口さんは、平成二七（二〇一五）年一月に『奈良に育まれ　電車にのって　青山をみる』（発行＝奈良日日新聞社）を出版した。前々年から前年にかけて、奈良日日新聞に連載したものを加筆・編集したものである。佐伯勇への回顧にも、一章分のページを割いている。

その一部を、以下に引いてみよう。

佐伯社長は一言で言えば、とにかくまじめで百姓の文化が漂う、正義感が強く気の弱い人、小心者だった。みずからおっしゃっていたが「独裁はするが独断はしない」。判断は早く、その代わりそれに反対する人には大反撃する。これが叱られているように思うのである。
しかし私はすごく緊張していたが、不愉快だとか怖いとかいう感情はなかった。先日、辻井昭雄相談役に「あんただけやなあ。佐伯さんと友達のように平気で話していたのは、気が合ったんかなあ」と言われた。

深夜、佐伯社長の自宅に電話すると「はい！佐伯です」とすぐに出られた。「山口です」と言うと「事故か」と問われ、「事故ではありません」と言ったら「事故でなければ夜中に電話するな。明日にせよ」と言われた。大きな家にもかかわらずすぐに電話に出られるので、「どうされているのですか」と聞くと「受話器を抱いて寝ている」とのことだった。
「私がハンドルを握っているわけではない。運転士が過ちを犯したら大変なことになる。ひたすら無事であることを神仏に祈るのみだ」という思いとのことだった。

こんなこともあった。幹部が十分もうけがあるとして志摩の開発事業を提案した。これを聞いた佐伯社長は「そんなにもうかるのだったら資本金を出してやるから会社を辞めて自由にやれ」と言われたのだ。結局、この幹部はこの事業を断念した。「仕事は遊びではない。最後は自分で責任を負う覚悟でなければ成功しない」と絶えず言っておられた。

女将に言わせれば佐伯社長は、色は白く、ふかふかのお饅頭みたいな顔をされていたので「おまんちゃん」と呼んでいたという。威張っておられたが自分のことは何もできない駄々っ子のようだったという。

そういえば、出張の帰りの段取りで電車などの切符を取るのに大変苦労したことを覚えている。佐伯会長が何時に帰るのか、なかなかはっきりおっしゃらないのだ。このため何枚もの切符を買っておいて対応したものである。朝は朝で準備が遅くシャツ1枚着られるのも時間がかかる。わがままで愛すべき大ボス「おまんちゃん」だった。

佐伯勇は、人間としては愛すべき人だった。

山口昌紀さんも、そうである。私は、ひとかたならぬ恩義も感じている。

私は、その創業時（平成五＝一九九三年）から旅の文化研究所に関係し、現在は所長をつとめている。当初は、近畿日本ツーリスト（当時の会社名）が運営資金を担ってくれていた。

それを、あるとき、山口さんが「近鉄に移しませんか。その方がよろしいやろ」といってくれたのだ。そして、「佐伯勇が生きてましたら、同じことをいってましたで。文化事業は、採算に合わんでも簡単に潰したらあかん。それが、企業のメセナ精神や、と」ともいった。

その一言で、旅の文化研究所は、今日まで継続してきたのだ。しかし、山口さんは、研究所の運営には一切口出しをしなかった。たしかにその精神は、佐伯勇のそれを継いだものであっただろう。

ということで、山口昌紀さんを通して佐伯勇にも、私は恩義を感じてきたのである。

このたび、株式会社創元社の堂本誠二さんの熱心なお誘いによって、本書の復刻がなった。堂本さんには、今回新たに掲載する佐伯勇の年譜（二八一〜二九三ページ）づくりでもお手数をおかけした。記して、お礼を申しあげたい。

また、近鉄グループホールディングス株式会社（広報部）と佐伯家（現在のご当主は、和重氏）からも本書の復刻にご賛同をいただいた。あわせて、謝意を表わしたい。

本書をお手にとっていただいた皆さまには、あらためてご高評を願いたいところである。

平成三〇年、師走の吉日

神崎宣武

取材協力者一覧（五十音順・敬称略）

浅井孝二・足立伸之助・安部和寿・泉市郎・井土武久・今里英三・岩谷直治・上山善紀・岡本直之・金森茂一郎・金子熊一・河合綾子・岸本倫夫・久保常明・久米定吉・久米孝子・国分公子・児島英一・佐伯くみ・佐伯房子・佐伯幸男・阪口純久・鹿喰清一・芝谷常吉・芝谷翠・嶌田幸男・清水建一・杉田豊三・杉野彰・杉野静子・杉原俊平・杉原操・鈴木剛・鈴木義治・高石千之・高田祐・高津ふみ子・多喜忠雄・武智文雄・田代和・帯刀眞胤・田辺泉・谷信和・谷口豊三郎・田村俊明・辻本和子・徳永慶太郎・中川原英之・中島凡夫・中村友子・中村隆一・中村亮治・南波春雄・西岡義憲・西山磐・野口彦治郎・萩尾千里・長谷川周重・畠山圭司・花村仁八郎・林修・日向方斉・平尾喜三自・平林佐知子・福井芳雄・藤井賢三・古屋昌代・曲田甚太郎・松村一男・松本亘・村井八郎・森口洋太郎・山内朋一・山口昌紀・山本邦義

主要参考文献

金森又一郎翁傳記編纂会編『金森又一郎翁傳』大軌・参急、一九三九年
『昭和大阪市史』第三・五巻（経済編上・下）大阪市役所、一九五二年
『大阪市戦災復興誌』大阪市役所、一九五八年
鶴見祐輔『種田虎雄傳』近畿日本鉄道、一九五八年
『近畿日本鉄道50年のあゆみ』近畿日本鉄道、一九六〇年
佐伯勇「観光産業成長論」――『別冊　中央公論』（秋季号）中央公論社、一九六三年
大島延次郎『日本交通史概論』吉川弘文館、一九六四年
宮本又次編『大阪の研究1』『大阪の研究3』清文堂、一九六七・六九年
木本正次『東への鉄路―近鉄創世記』講談社、一九七四年
「社運を賭けて」（連載一〇〇回）――『新大阪新聞』一九七五〜七六年
佐伯勇『運をつかむ―事業と人生と』実業之日本社、一九八〇年
読売新聞（大阪）政経部編『ニッポンの経営者』読売新聞社、一九八三年
南波春雄編著『文楽　碧い目茶色の目』文楽刊行会、一九八八年
吉川文夫『日本電車発達史』保育社、一九八九年
『ひかり』（追悼号ＶＯＬ２１２）近畿日本鉄道、一九八九年
『ひまわり』（第１３１号）近畿日本ツーリスト、一九八九年
『近畿日本鉄道80年の歩み』近畿日本鉄道、一九九〇年

佐伯勇年譜

年	年齢	佐伯勇の経歴	近鉄・近鉄グループのあゆみ（細字は社会の動向）
明治36〈1903〉		3月○愛媛県周桑郡丹原町大字長野一七二一番地に佐伯源三郎、ヨシの四男として生まれる	
明治43〈1910〉	7歳		8月○軽便鉄道法施行 〃○韓国併合、朝鮮と改称 9月○**会社創立（奈良軌道㈱、翌月大阪電気軌道㈱に改称）**
大正3〈1914〉	11歳		4月○**生駒トンネル完成** 〃○**大阪—奈良間開通** 7月○第一次世界大戦勃発
大正4〈1915〉	12歳	4月○愛媛県立松山中学校入学	
大正8〈1919〉	16歳		4月○地方鉄道法公布 6月○ベルサイユ講和条約、国際連盟成立
大正10〈1921〉	18歳		1月○**天理軽便鉄道㈱買収** 4月○軌道法公布 11月○原首相暗殺され、高橋内閣成立
大正11〈1922〉	19歳		1月○**生駒鋼索鉄道㈱合併**
大正12〈1923〉	20歳	3月○第三高等学校卒業	3月○**西大寺—橿原神宮前間全通** 9月○関東大震災発生
大正15〈1926〉	23歳	3月○東京帝国大学法学部法律科卒業	6月○**あやめ池遊園地開園** 8月○**大軌ビルディング完成** 12月○大正天皇崩御、昭和と改元

昭和2〈1927〉	24歳	7月○大阪電気軌道㈱入社 〃○書記	3〜4月○金融恐慌勃発、台湾銀行など破産 9月○**参宮急行電鉄㈱設立**
昭和4〈1929〉	26歳		3月○**生駒山上遊園地開園** 〃○**伊賀電気鉄道㈱合併** 8月○**吉野鉄道㈱合併** 10月○ニューヨーク株式大暴落 11月○**花園ラグビー場開場**
昭和5〈1930〉	27歳		1月○金輸出解禁 10月○米価大暴落、財界不況 12月○**山本―信貴山口間開通**
昭和6〈1931〉	28歳	○長井千代子と結婚	3月○**大阪―宇治山田間全通** 9月○満洲事変勃発 12月○金輸出再禁止
昭和7〈1932〉	29歳	3月○長男・幸男生まれる	1月○上海事変勃発 3月○満洲国建国を宣言 5月○五・一五事件勃発
昭和10〈1935〉	32歳		2月○**奈良交通㈱に資本参加**
昭和11〈1936〉	33歳	2月○総務部庶務課長	2月○二・二六事件勃発 9月○**参宮急行電鉄㈱が伊勢電気鉄道㈱を合併** 〃○**大軌百貨店開業** 11月○日独防共協定成立
昭和12〈1937〉	34歳	8月○総務部保健課長兼務 9月○長女・和子生まれる	3月○**鶴橋―今里間高架化完成** 7月○日華事変

			11月○日独伊三国防共協定成立 〃○大垣自動車㈱（現・名阪近鉄高速バス㈱）に資本参加
昭和13〈1938〉	35歳	4月○秘書課長（総務部保健課長兼務） 9月○総務部保健課長兼務を解かれる	4月○陸上交通事業調整法、電力管理法など公布 6月○関西急行電鉄㈱の桑名—名古屋間開通 11月○大東亜新秩序に関する政府声明
昭和14〈1939〉	36歳	4月○次女・友子生まれる	5月○ノモンハン事件勃発 7月○国民徴用令公布 〃○アメリカ、対日通商条約破棄通告 9月○第二次世界大戦勃発
昭和15〈1940〉	37歳		1月○参宮急行電鉄㈱が関西急行電鉄㈱を合併 2月○陸運統制令公布 9月○日独伊三国同盟成立 10月○大政翼賛会結成 11月○紀元二六〇〇年式典挙行
昭和16〈1941〉	38歳	3月○総務部長	3月○関西急行鉄道㈱発足 4月○日ソ中立条約成立 10月○㈲関急旅行社（現・近畿日本ツーリスト㈱）設立 12月○太平洋戦争勃発
昭和17〈1942〉	39歳		4月○米軍、日本本土初空襲
昭和18〈1943〉	40歳	4月○三女・公子生まれる	2月○大阪鉄道㈱を合併 〃○㈱大鉄映画劇場（現・㈱近畿映画劇場）に資本参加 11月○奈良県下におけるバス事業を奈良交通㈱に譲渡 〃○軍需省、運輸通信省発足

昭和19〈1944〉	41歳	6月○上本町営業局次長	4月○信貴山急行電鉄㈱、南和電気鉄道㈱、㈱大鉄百貨店を合併 6月○近畿日本鉄道㈱設立
昭和20〈1945〉	42歳	3月○総務局厚生本部長 9月○大和化成㈱取締役社長 10月○厚生局長	3月○大阪大空襲 5月○運輸通信省を運輸省に改組 8月○終戦の詔勅渙発 11月○田中車輛㈱（現・近畿車輛㈱）に資本参加 12月○労働組合法公布
昭和21〈1946〉	43歳		5月○メーデー復活 〃○吉田内閣成立 11月○新憲法公布 〃○伊勢志摩国立公園指定
昭和22〈1947〉	44歳	3月○取締役 4月○専務取締役、厚生局長事務担当	1月○日本私鉄労働組合総連合会発足 3月○証券取引法公布 4月○労働基準法公布 〃○独占禁止法公布 5月○第一回国会開催 6月○三重交通㈱に資本参加 10月○座席定員制の特急の運行開始 〃○中京ホテル（現・名古屋都ホテル）営業開始 12月○改正民法公布
昭和23〈1948〉	45歳	3月○㈳経済団体連合会評議員 4月○㈳関西経済同友会幹事 6月○代表取締役専務	2月○志摩航運㈱（現・近鉄志摩観光汽船㈱）に資本参加 7月○「国民の祝日」決定 8月○私鉄経営者協会発足

		〃○関西鉄道協会常務理事 9月○大阪商工会議所評議員 10月○㈳関西経済連合会常任理事	
昭和24〈1949〉	46歳	7月○日野自動車工業㈱監査役 8月○㈶伊勢志摩国立公園協会理事 ○㈻帝塚山学園理事 9月○訪米（鉄道車両視察） 10月○志摩観光ホテル㈱代表取締役	4月○一ドル三六〇円の単一為替レート決定 5月○東京・大阪・名古屋三証券取引所再開 〃○近畿車輛㈱大証一部、㈱近畿映画劇場大証二部上場 6月○国有鉄道、専売公社発足 7月○㈱丸物（現・㈱京都近鉄百貨店）、京証・大証一部上場 12月○近鉄球団誕生
昭和25〈1950〉	47歳	9月○大阪商工会議所理事	1月○三重交通㈱、名証上場 7月○学園前住宅地の開発に着手 8月○タクシー事業を近鉄タクシー㈱に譲渡
昭和26〈1951〉	48歳	3月○㈻樟蔭学園理事 〃○朝日放送㈱取締役 5月○関西電力㈱監査役 12月○代表取締役社長 〃○日本国際連合協会関西本部理事	3月○㈱都ホテルに資本参加 4月○志摩観光ホテル開業 6月○道路運送法、道路運送車両法公布 9月○日米安全保障条約調印 10月○民間航空再開
昭和27〈1952〉	49歳	4月○日本経営者団体連盟常任理事 5月○関西鉄道協会理事 6月○㈶大和文華館理事長 10月○日本航空㈱取締役 11月○㈳経済団体連合会理事	
昭和28〈1953〉	50歳		8月○スト規制法公布 9月○近畿日本商事㈱（現・㈱近商ストア）設立

昭和29〈1954〉	51歳		6月○企業資本充実のための資産再評価等の特別措置に関する法律公布 12月○鳩山内閣成立
昭和31〈1956〉	53歳		3月○㈱都ホテルによる奈良ホテルの営業開始 6月○百貨店法施行 12月○上本町―布施間複々線化 〃○日本、国際連合に加盟 〃○石橋内閣成立
昭和32〈1957〉	54歳	1月○㈳中央電気倶楽部理事長	2月○岸内閣成立 7月○㈱大阪松竹歌劇団（現・㈱日本歌劇団）に資本参加
昭和33〈1958〉	55歳		4月○金剛生駒国定公園指定 7月○二階建電車ビスタカーの運転開始 8月○生駒山自動車道開業 12月○阪奈道路開通
昭和34〈1959〉	56歳	5月○産業功労者として大阪府知事より表彰を受く 9月○訪欧米	4月○御在所ロープウェイ開業 〃○最低賃金法公布 6月○明光バス㈱に資本参加 8月○東ビル㈱（現・㈱和歌山近鉄百貨店）に資本参加 〃○大一トラック急送㈱（現・近鉄物流㈱）に資本参加 9月○㈱天王寺ステーションビルディング設立 〃○伊勢湾台風、近畿・東海地方に襲来 11月○名古屋線の広軌化完成 12月○上本町―名古屋間ビスタカーによる直通運転開始

昭和35〈1960〉	57歳	4月○㈶関西生産性本部理事 7月○安全運動功労者として労働大臣より表彰を受く 9月○㈶大和文化財保存会理事長 11月○大阪商工会議所副会頭 〃○大阪経済振興連絡協議会理事	1月○日米安全保障条約調印 5月○奈交タクシー㈱（現奈良近鉄タクシー㈱）設立 6月○四日市近鉄百貨店（現・中部近鉄百貨店）開業 7月○池田内閣成立 8月○福山通運㈱に資本参加 11月○大和文華館開館
昭和36〈1961〉	58歳	3月○志摩観光ホテル㈱代表取締役会長 5月○近鉄モータース㈱代表取締役会長 7月○全日空ビルディング㈱取締役 11月○アメリカ近鉄興業㈱取締役社長 〃○訪米	3月○王龍寺ゴルフ㈱（現・飛鳥ゴルフ㈱）に資本参加 4月○大日本土木㈱に資本参加 9月○北日本観光自動車株に資本参加 10月○アメリカ近鉄興業㈱設立 11月○踏切道改良促進法公布
昭和37〈1962〉	59歳	5月○㈳経済団体連合会常任理事 6月○㈳伊丹空港協会副会長 9月○訪欧（大阪商工会議所ＥＥＣ調査団に参加） 11月○藍綬褒賞を受く 〃○赤目・香落・室生観光開発㈱代表取締役	3月○大東京観光自動車㈱（現・東京近鉄観光バス㈱）に資本参加 4月○修学旅行電車「あおぞら号」運転開始 9月○㈱松下百貨店（現・㈱近鉄松下百貨店）に資本参加 11月○大阪都ホテル（現・天王寺都ホテル）開業 〃○大日本土木㈱、大証・名証二部上場（38年8月東証二部上場、45年5月、一部に指定替え） 12月○別府ロープウェイ営業開始
昭和38〈1963〉	60歳	1月○㈶文楽協会理事 6月○陸運及び観光事業功労者として運輸大臣より表彰を受く 〃○大阪国際サイエンスクラブ理事 12月○雇用審議会委員	10月○奈良電気鉄道㈱を合併 〃○伊勢線バス事業を三重交通㈱に譲渡 11月○桔梗が丘住宅地の開発に着手

		〃 ○奥比叡参詣自動車道㈱取締役	
昭和39〈1964〉	61歳	4月○㈱日本エアシステム取締役 6月○㈶文楽協会理事長 7月○万国博覧会大阪誘致委員会委員 〃 ○地方公営企業制度調査会委員 10月○大阪市緑化委員会委員	2月○日本鉄道建設公団法公布 4月○伊勢湾自動車航送船㈱（現・伊勢湾フェリー㈱）設立 7月○新生駒トンネル完成 10月○信貴生駒電鉄㈱合併 〃 ○京都―橿原神宮前間に特急運転開始 〃 ○東海道新幹線、東京―新大阪間運転開始 11月○佐藤内閣成立
昭和40〈1965〉	62歳	2月○日本高速自動車㈱代表取締役社長 3月○㈱ロイヤルホテル取締役 8月○近畿日本ツーリスト㈱代表取締役会長 9月○㈶三重県福祉事業団理事	4月○三重電気鉄道㈱合併 7月○東京近鉄ビル開業
昭和41〈1966〉	63歳	1月○㈶国立京都国際会館理事 〃 ○㈳日本工業倶楽部評議員 5月○㈶関西生産性本部常任理事 〃 ○飛鳥ゴルフ㈱代表取締役社長 7月○大阪経済振興連絡協議会常任理事	4月○㈱丸物（現・㈱京都近鉄百貨店）に資本参加 7月○全日本コンサルタント㈱設立 11月○名古屋近鉄ビル開業
昭和42〈1967〉	64歳	4月○近鉄野球㈱取締役 6月○関西鉄道協会会長 〃 ○㈳日本民営鉄道協会副会長 8月○㈶大阪科学技術センター常任理事 12月○㈶日本万国博覧会協会場内輸送委員会・財務委員会委員	3月○葛城索道線（現・葛城山ロープウェイ）営業開始 12月○名古屋駅改良工事完成 〃 ○奈良線瓢簞山駅付近の線路高架切り替え

昭和43〈1968〉	65歳	2月○国道九四フェリー㈱代表取締役社長 〃○㈱ホテルプラザ取締役 3月○㈶今日庵(裏千家)老分 4月○訪欧(文楽人形浄瑠璃欧州公演団団長) 6月○㈶大阪ユースホステル協会理事 〃○訪欧米 8月○㈶霊山顕彰会理事 9月○訪米	2月○日本文化貿易センター(都ホテルサンフランシスコ)開業 4月○土地住宅開発事業を近鉄不動産㈱に委託 7月○鈴鹿(御在所、湯の山)国定公園指定 8月○防長交通㈱に資本参加
昭和44〈1969〉	66歳	5月○㈳日本民営鉄道協会会長 〃○フランス共和国文化担当国務大臣より芸術と文学二等勲章を受く 6月○㈳日本観光協会理事 7月○観光政策審議会委員 9月○日本商工会議所広域行政調査特別委員会委員長	2月○浜名湖近鉄レストラン開業 9月○京都線京都—東寺間線路高架切り替え 10月○生駒山宇宙科学館開館 11月○上本町近鉄百貨店新館開業 12月○奈良線油阪—奈良間の線路を地下に移設
昭和45〈1970〉	67歳	4月○中宮寺奉賛会理事 〃○㈶日本生産性本部顧問 5月○㈶関西情報センター理事 6月○㈶日本科学技術振興財団理事 11月○都市交通審議会委員	1月○近鉄航空貨物㈱(現・㈱近鉄エクスプレス)設立 3月○鳥羽線宇治山田—鳥羽間全通、志摩線改良工事完成 〃○奈良近鉄ビル完成、奈良歴史教室・志摩マリンランド開館 〃○上本町—難波間開通 〃○難波—名古屋間、難波—賢島間直通特急運転開始 〃○万国博ロープウェイ営業開始 11月○福山通運㈱、東証・大証二部上場(四七年八月に一部に指定替え)

			12月○大和青垣、室生赤目青山、揖斐関ケ原養老国定公園指定
昭和46〈1971〉	68歳	3月○大阪商工会議所会頭 〃○大阪経済振興連絡協議会会長 4月○日本商工会議所副会頭 〃○日本商工会議所道州制特別委員会委員長 〃○大阪府商工会議所連合会会長 6月○近畿商工会議所連合会会長 〃○訪加（カナダ経済視察団副団長） 9月○訪中（訪中関西財界代表団団長）	8月○円、変動相場制に移行
昭和47〈1972〉	69歳	1月○㈶沖縄国際海洋博覧会協会副会長 4月○大阪市緑化委員会委員長 6月○㈳伊丹空港協会会長 〃○㈶伊勢神宮総代 11月○㈶日中経済協会顧問	2月○沖縄観光開発㈱設立 4月○㈱近鉄百貨店設立（四七年六月、百貨店事業を譲渡） 5月○国道九四フェリー㈱に資本参加 7月○田中内閣成立
昭和48〈1973〉	70歳	3月○訪中（中国博開催のための訪中団団長） 4月○奈良市国際友好親善委員会会長 5月○代表取締役会長 7月○財政制度審議会委員 9月○㈶大阪中国展覧会協会会長 11月○訪米（大阪商工会議所訪米経済使節団団長）	3月○難波—京都間特急運転開始 6月○上本町ターミナルビル第二期工事および駐車場完成 9月○橿原線軌道中心間隔拡大 〃○難波—奈良間特急運転開始 10月○第六十回伊勢神宮式年遷宮
昭和49〈1974〉	71歳	2月○㈳大仏奉賛会会長 3月○春日大社式年造替奉賛会会長	7月○名古屋線四日市駅付近線路高架切り替え 12月○三木内閣成立

		5月○㈳経済団体連合会副会長 9月○訪中（日本航空の日中間定期航空路第一便搭乗）	
昭和50〈1975〉	72歳	3月○御寺泉涌寺を護る会副会長 4月○訪中（訪中団に参加） 5月○㈻帝塚山学園理事長 〃 ○日本航空㈱監査役 6月○国立文楽劇場設立準備調査会委員 8月○オーストラリア・ニュージーランド出張（日豪経済委員会、ニュージーランド経済人会議に出席） 11月○奈良市名誉市民として顕彰さる	3月○新都ホテル営業開始 7月○近畿日本ツーリスト㈱、東証・大証二部上場（52年6月、一部に指定替え） 9月○サンフランシスコに「京都イン」（現・都インサンフランシスコ）開業 〃 ○上本町―鶴橋間線路立体交差化、鶴橋―布施間線路方向別化 11月○大阪線残存単線区間を複線化 12月○鳥羽線宇治山田―鳥羽間複線化
昭和51〈1976〉	73歳	4月○勲一等瑞宝章を受く 7月○訪米（大阪・シカゴ両商工会議所合同会議に出席） 8月○訪ソ（経団連訪ソ団に参加）	2月○南大阪線矢田駅付近線路高架切り替え 4月○八王子線西日野―伊勢八王子間廃止 12月○福田内閣成立
昭和52〈1977〉	74歳	2月○中米六ヵ国出張（日商中米諸国親善経済使節団副団長） 3月○訪中（経団連訪中使節団に参加） 9月○近畿商工会議所連合会関西新国際空港対策委員会委員長 10月○科学技術庁顧問 12月○㈱全関西ケーブルテレビジョン取締役 〃 ○商工会議所制度百年記念大会準備会副会長	6月○橿原線筒井駅付近線路高架切り替え 〃 ○布施駅付近線路高架切り替え 9月○都イン・東京開業 12月○国鉄運賃法定制緩和法公布

昭和53〈1978〉	75歳	2月○福助㈱取締役 5月○㈱近鉄百貨店代表取締役相談役 10月○大阪府日本中国友好協会顧問 12月○訪中(「中国古代文物展」の議定書調印) 〃○関西で歌舞伎を育てる会世話人	12月○大阪線八尾駅付近線路高架切り替え 〃○新ビスタカー運転開始 〃○大平内閣成立
昭和54〈1979〉	76歳	4月○比叡山延暦寺法燈護持会会長 5月○㈱近鉄百貨店取締役相談役 6月○国土審議会特別委員 〃○㈱都ホテル東京取締役相談役 10月○訪米(大阪・シカゴ両商工会議所合同会議に出席) 12月○在日ドイツ商工会議所顧問	7月○都ホテル東京開業
昭和55〈1980〉	77歳	4月○㈶国際科学技術博覧会協会顧問 5月○住吉大社奉賛会会長 6月○天王寺舞楽協会顧問 10月○大阪府赤十字血液センター社屋建設委員会副委員長 12月○㈳日中協会評議員	2月○近鉄難波ビル完成 7月○志摩民俗資料館開館 〃○鈴木内閣成立
昭和56〈1981〉	78歳	2月○日本相撲協会東西会顧問 5月○国際会議事業協会顧問 7月○サイパン出張(ハファダイビーチホテル開業式に出席) 8月○東南アジア出張(東南アジア主要空港視察団団長)	

年	年齢	事項	関連事項
		9月○訪米(訪米経済使節団団長) 10月○㈶国際デザイン交流協会会長 12月○関西新国際空港建設促進協議会顧問 〃○大阪商工会議所顧問	
昭和57〈1982〉	79歳	3月○㈶関西経済研究センター評議員 〃○㈶関西産業公害防止センター顧問 4月○㈶国際デザイン交流協会顧問 〃○㈶霊山顕彰会特別顧問 5月○黄檗宗大本山萬福寺檗会代表理事 7月○㈳大阪アジア中小企業開発センター顧問 8月○訪中(文楽公演団団長)	9月○長野線川西駅付近線路高架切り替え 10月○五位堂検修車庫完成 11月○中曽根内閣成立
昭和58〈1983〉	80歳	1月○新近畿創生懇談会委員 3月○㈶飛鳥保存財団理事長 〃○御寺泉涌寺を護る会顧問 9月○臨時行政改革推進審議会顧問 11月○勲一等旭日大綬章を受く 〃○愛媛県功労賞を受く	3月○東青山四季のさと開園 〃○近鉄堂島ビル完成 8月○東信貴鋼索線廃止
昭和59〈1984〉	81歳	5月○㈳経済団体連合会顧問 6月○近鉄ケーブルネットワーク㈱取締役 〃○日本パレットプール㈱代表取締役会長 9月○黄檗宗大本山萬福寺檗会顧問 11月○大阪商工会議所名誉議員	
昭和60〈1985〉	82歳	4月○神宮式年遷宮委員会委員	4月○津都ホテル開業

		5月○近鉄不動産㈱取締役相談役 〃○㈶大平正芳記念財団顧問 6月○白浜観光自動車道㈱取締役会長 7月○㈱都ホテル大阪取締役相談役	10月○上本町ターミナル整備事業完成 〃○都ホテル大阪、近鉄劇場、ＡＢＣギャラリー開業
昭和61〈1986〉	83歳	3月○㈶国際高等研究所顧問 6月○㈻大阪貿易学院顧問 9月○キンテツコーポレーションオブロサンゼルス取締役	4月○男女雇用機会均等法施行 9月○キンテツコーポーレーションオブロサンゼルス設立 10月○東大阪線生駒—長田間開通、大阪地下鉄中央線と相互乗り入れ
昭和62〈1987〉	84歳	4月○㈶日中青少年旅行財団顧問 5月○㈳関西経済連合会顧問 6月○代表取締役相談役名誉会長 10月○高野山弘法大師奉賛会最高顧問 12月○近鉄インターナショナルエクスプレス（オセアニア）取締役会長	1月○関西新空港着工 10月○京都線大久保駅付近高架切り替え 〃○長野線喜志—富田林間を複線化 11月○竹下内閣成立 12月○南大阪線あべの橋・針中野間高架切り替え
昭和63〈1988〉	85歳	3月○愛媛県周桑郡丹原町名誉町民として顕彰さる 4月○円照寺護持会会長 6月○㈶文化財保護振興財団評議員 〃○㈶伊勢神宮式年遷宮奉賛会大阪府本部顧問	3月○アーバンライナー運転開始 4月○近鉄ケーブルネットワーク開業 〃○労働基準法改正施行（週四六時間制ほか） 〃○なら・シルクロード博開催 8月○京都市営地下鉄烏丸線と相互乗り入れ 11月○あべの橋ターミナルビル増築完成 〃○四日市駅前店舗「スターアイランド」開業
昭和64・平成元〈1989〉	86歳	10月○逝去 〃○叙正三位	1月○昭和天皇崩御、「平成」と改元 〃○「ホテル東京」（現・都インロサンゼルス）の経営受託 4月○消費税実施

6月。宇野内閣成立
8月。海部内閣成立

『佐伯勇 資料集』（近畿日本鉄道株式会社広報室編集発行）を転載。会社・施設等の名称は一九九二年一〇月現在。

本書は『経営の風土学 佐伯勇の生涯』（河出書房新社、一九九二年刊）を全面組み替えのうえ、一部増補して、改題したものです。

なお、本文および年譜における会社名称・肩書き等は一九九二年刊行当時のままです。

神崎宣武（かんざき・のりたけ）
1944年岡山県生まれ。民俗学者。現在、旅の文化研究所（近鉄グループホールディングス㈱）所長、公益財団法人五十鈴塾塾長、一般社団法人高梁川流域学校校長、岡山県宇佐八幡神社宮司など。
著書：『江戸の旅文化』（岩波新書）、『「まつり」の食文化』（角川選書）、『しきたりの日本文化』『旬の日本文化』『酒の日本文化』（角川ソフィア文庫）、『大和屋物語――大阪ミナミの花街民俗史』（岩波書店）、『聞書き遊廓成駒屋』（ちくま文庫）、『「うつわ」を食らう――日本人と食事の文化』（吉川弘文館）など多数。

近鉄《きんてつ》中興《ちゅうこう》の祖《そ》　佐伯勇《さえきいさむ》の生涯《しょうがい》

2019年1月20日　第1版第1刷発行

著　者……………………………………………
神　崎　宣　武
発行者……………………………………………
矢　部　敬　一
発行所……………………………………………
株式会社 創　元　社
http://www.sogensha.co.jp/
本社　〒541-0047 大阪市中央区淡路町4-3-6
Tel.06-6231-9010㈹
東京支店　〒101-0051 東京都千代田区神田神保町1-2 田辺ビル
Tel.03-6811-0662㈹
印刷所……………………………………………
株式会社 太洋社

ISBN978-4-422-24097-8 C0065

行商列車――〈カンカン部隊〉を追いかけて

山本志乃著　かつて各地にあった行商列車も今は伊勢志摩と大阪を結ぶ近鉄の鮮魚列車のみ。その稀少な行商に同行取材を敢行、知られざる実態を明らかにした唯一無二の行商列車探訪記。　1800円

民俗学者が歩いて出会った人生の言葉――忘れえぬ38の物語

汽水民俗研究会編著　ふとした瞬間に漏れる、その人の生き様を凝縮したような言葉。その多くは「教訓」よりも「共感」をもたらす。全国各地を歩く民俗学者たちが出会った人生の至言。　1500円

にっぽん巡礼――漂泊の思いやまず

山折哲雄著　日本人の意識はどのように形成されてきたのか。くらし、祭り、信仰、仏教、美意識……ささやかな日常の情景、遠い時代の風土から宗教学者山折哲雄が自由闊達に読み解く。　1600円

改訂新版 旧暦読本――日本の暮らしを愉しむ「こよみ」の知恵

岡田芳朗著　暦法の基本的な仕組みから、二十四節気と七十二候、六十干支、雑節・節句などの生活暦、月や潮汐など天文学的知識まで詳しく解説。古今東西の暦のすべてがわかる本。　2000円

日本の祭と神賑――京都・摂河泉の祭具から読み解く祈りのかたち

森田玲著　日本の祭のかたちを神輿・提灯・太鼓台・地車・唐獅子などの祭具の歴史から読み解き、京都と大阪（摂河泉）を中心とした各地の祭を探求。祭の本質と新たな魅力を描き出す。　2000円

生駒の神々［オンデマンド版］

宗教社会学の会編　生駒は民間信仰・民俗宗教の宝庫。石切神社、瓢簞山稲荷、星田妙見をはじめ、仏教系・修験系寺院などの実態を調査し、分析を試みて大反響を呼んだ名著の復刊。　3800円

聖地再訪 生駒の神々――変わりゆく大都市近郊の民俗宗教

宗教社会学の会編　話題作『生駒の神々』刊行から四半世紀経ち、大都市近郊の「神々」の再調査を敢行。石切神社をはじめ中小寺院、さらには断食・ヨガ道場、占いストリート等も探求。　1900円

古市古墳群をあるく――巨大古墳・全案内

久世仁士著　古市古墳群は全国屈指の巨大古墳密集地として知られる。誉田山古墳（応神天皇陵古墳）をはじめ現存するすべての古墳を探訪、歴史的変遷もまじえ案内する。写真多数。　1800円

近代日本の旅行案内書図録

荒山正彦著　明治初期から昭和戦前期に刊行された「旅行案内書」の系譜を初めて体系化したビジュアル読本。彩色豊かな書影、本文・図版を高精細画像で紹介する。掲載図版六〇〇点超。　4500円

鉄道手帳［各年版］

所澤秀樹監修／創元社編集部編　二〇〇八年から毎年発行する鉄道情報満載のダイアリー。全国鉄軌道路線図、各社イベント予定、豆知識入りダイアリー、数十頁に及ぶ巻末資料を収載。　1200円

＊価格に消費税は含まれていません。